北京大學《儒藏》編纂與研究中心 編

《儒藏》精華編選刊

論語全解

〔北宋〕陳祥道 撰

劉薔 姜海軍 校點

北京大學出版社
PEKING UNIVERSITY PRESS

圖書在版編目(CIP)數據

論語全解 / （北宋）陳祥道撰；北京大學《儒藏》編纂與研究中心編. —北京：北京大學出版社，2023.9
（《儒藏》精華編選刊）
ISBN 978-7-301-33915-2

Ⅰ. ①論… Ⅱ. ①陳… ②北… Ⅲ. ①《論語》－研究 Ⅳ. ①B222.25

中國國家版本館CIP數據核字（2023）第065170號

書　　名　論語全解
LUNYU QUANJIE
著作責任者　〔北宋〕陳祥道 撰
劉　薔　姜海軍　校點
北京大學《儒藏》編纂與研究中心 編
策劃統籌　馬辛民
責任編輯　王　應
標準書號　ISBN 978-7-301-33915-2
出版發行　北京大學出版社
地　　址　北京市海淀區成府路205號　100871
網　　址　http://www.pup.cn　新浪微博：@ 北京大學出版社
電子郵箱　編輯部 dj@pup.cn　總編室 zpup@pup.cn
電　　話　郵購部 010-62752015　發行部 010-62750672
編輯部 010-62756449
印 刷 者　三河市北燕印裝有限公司
經 銷 者　新華書店
650毫米×980毫米　16開本　16印張　105千字
2023年9月第1版　2023年9月第1次印刷
定　　價　50.00元

目録

校點説明 …… 一

論語全解原序 …… 一

論語全解卷一 …… 一

學而第一 …… 一

爲政第二 …… 一〇

論語全解卷二 …… 二三

八佾第三 …… 二三

里仁第四 …… 三七

論語全解卷三 …… 五一

公冶長第五 …… 五一

雍也第六 …… 六四

論語全解卷四 …… 七八

述而第七 …… 七八

泰伯第八 …… 九二

論語全解卷五 …… 一〇三

子罕第九 …… 一〇三

鄉黨第十 …… 一一四

論語全解卷六 …… 一二六

先進第十一 …… 一二六

顔淵第十二 …… 一三七

論語全解卷七 …… 一五一

子路第十三 …… 一五一

憲問第十四 …… 一六七

論語全解卷八 …… 一八五

衛靈公第十五 …… 一八五

季氏第十六 …… 二〇二

論語全解卷九 …… 二一一

陽貨第十七 …… 二一一

微子第十八……二一九
論語全解卷十……二二五
子張第十九……二二五
堯曰第二十……二三四

校點説明

《論語全解》十卷，宋陳祥道撰。陳祥道，字用之，福州人，經學名家。少有壯志，專攻禮學。英宗治平四年（一〇六七）進士，歷官秘書省正字、太學博士。其生平事蹟，詳見自撰《禮書》。據晁公武《郡齋讀書志》記載，王安石撰《論語注》，其徒陳祥道作《全解》，均爲當時所重。陳氏所撰《禮書》一百五十卷，咸稱其精博。其詮釋《論語》，亦於禮制方面最爲明晰。書前有祥道自序，首題門人章粹校勘，每卷皆標出「重廣陳用之真本入經論語全解」。因陳氏師事王安石，其師樸素唯物主義和樸素辯證法思想亦多所承繼，書中每每夾雜老莊思想，特别是《莊子》之文，往往用爲佐證，反映了王安石所倡導的新學學派注釋儒家經典之特點。四庫提要評價此書「殊非解經之體，以其間徵引詳覈，可取者多」。

是書向無刊本，除《四庫全書》本外，據《中國古籍善本書目》著録，尚有分别收藏於國家圖書館、上海圖書館、南京圖書館、山東省圖書館、南開大學圖書館和西安市文物管理委員會的六種抄本存世。

一、上圖抄本。題「重廣陳用之真本入經論語全解義十卷」，《中國古籍善本書目》著録爲明抄本。藍格，半頁十行，行二十至二十二字。經文頂格，陳文低一格，與四庫本同。此本鈐「拜經樓吴氏藏書」、「兔牀」、「海昌吴葵里收藏記」、「綬珊九峰舊廬所藏書畫」、「雙鑑樓」等諸家藏印，知曾經爲吴騫、王綬珊、傅增湘等人遞藏，無題跋。有佚名朱筆校勘，傅增湘《藏園群書經眼録》稱「吴兔牀又以墨筆正之」。書中有大量補配葉，抄寫中避清帝名諱，如「玄」諱爲「元」或缺末筆，「貞」諱爲「正」，「弘」諱爲「宏」，補抄年代當在清乾隆年間。文字與四庫本相異之處甚多，但篇目結構無異。

二、南圖抄本。題「重廣陳用之真本入經論語全解義十卷」，爲四庫底本，四册。前有清丁丙跋，稱「此舊抄本曾進四庫館采進發還者」。無行格，半葉九行，行十九字。首葉卷端鈐「翰林院印」滿漢文官印，除鈐「嘉惠堂藏閲書」、「丁氏八千卷樓藏書記」、「善本書室」、「錢塘丁氏正修堂藏書」等丁氏諸印外，尚有「古潭州袁卧雪廬收藏」印，知曾爲袁芳瑛所藏。此抄本有多處四庫館臣批改，或用墨筆直接圈改原文，或以飛籤粘於天頭。經比較，改後文字與四庫本同，有些飛籤上還有纂修盧遂、李駿、沈孫璉及分校吴旬蕭等人印記，確爲四庫底本。

三、山圖抄本。題「重廣陳用之學士真本入經論語全解義十卷」，清初抄本。據山東大學杜澤遜先生函告，計四冊，竹紙，無格，半葉十行，行二十二字。前有自序，題「太學博士陳用之入經論語全解義自序」，序次行題「門人章粹校勘」。序首頁右下角鈐「大興朱氏竹君藏書之印」朱文雙行長方印。上方鈐「山東省圖書館點收海源閣書籍之章」藍色楷字方印。正文首頁右下角鈐「朱筠」、「虛中」二朱文小印。前二冊卷内有朱筆校。校筆，山東圖書館定爲朱筠校。其本書法墨色皆不佳，蓋爲俗手所抄，故多脱誤，唯抄本書名、撰人銜名、校勘人尚存舊式。此本或即朱筠倩人從四庫館借抄者，寫手不佳，反多訛誤。

四、南開抄本。題「重廣陳用之學士真本入經論語全解義十卷」，清抄本。據南開大學江曉敏女史見告，是書爲清汪士鍾舊藏，後歸天津研理樓劉明陽夫婦插架，卷首有二家藏書印爲證。研理樓向以收藏明刻本著稱。經與四庫本比校，内容毫無二致，應是出於同一底本。

五、國圖抄本。清抄本，四冊。首葉陳序右下角鈐有「鐵琴銅劍樓」白文方印，知爲常熟瞿氏舊藏。經文頂格，陳文低一格。半葉十二行，行二十一字。序題「太學博士陳用之入經論語全解義序」，卷端題「重廣陳用之學士真本入經論語全解義卷第一」，下題「門人章粹校勘」。卷六原缺第六葉，卷七原缺第十四、十五葉，卷九原缺第九葉。抄工平庸，書法不佳。紙薄，透字嚴重。與四庫本對校，常有明顯錯漏。書眉常有「舊抄本」云云，顯指四庫本以外還有其他抄本。

六、西安市文管會抄本。清抄本。未見。《增訂四庫簡明目録標注》稱有路小州抄本，《朱修伯批本四庫簡明目録》亦載「路小州有抄本」，題「重廣陳用之學士真本入經論語全解義」。路小州爲清代陝西盩厔(周至)藏書家，抑西安市文物管理委員會所藏清抄本即此路小州抄本。

據《中國叢書廣録》記載，清嘉、道間學者張金吾編《詒經堂續經解》收録是書，但編定後未獲授梓。《涵芬樓燼餘書録》稱，張金吾原稿本藏於太倉顧氏謏聞齋，爲上海商務印書館涵芬樓購入，惜一九三二年毁於「一·二八事變」炮火中。全書凡九十一種，除《三禮疑義》一種因北平圖書館借往移録而幸獲保全外，其他均罹劫難。

今以臺北商務印書館影印文淵閣《四庫全書》本爲底本，以上海圖書館藏明抄本(簡稱爲「上圖抄本」)及南京圖書館藏四庫底本(簡稱爲「四庫底本」)爲參校本。

上圖抄本中的清代補抄頁均置於每卷之末，原書裝訂如此，整理時將書頁按内容順次重排。上圖抄本抄寫年代早於乾隆時期，與四庫本異文較多，文字常整句多於四庫本，校點整理時，先辨明是非，除上圖抄本明顯誤而四庫本明顯是者，異文一一出校。四庫底本最有價值者即其與四庫本文字相異之處，由校語可知，館臣先以監本《論語》校過，然後從文義、引文出處等多方面校正，凡底本中的倒、訛、脱、衍文，均寫籤明示；並改正底本上的異體字，如「无」作「無」，「于」作「於」等，不出校。校語中多次提到「正本」、「他本」，應是以數種別本參校而成。四庫底本原誤而爲四庫館臣所圈改者，上圖抄本多不誤，可見館臣批改之正誤高下，遇此則擇要出校記以説明。

卷一至卷五由劉薔校點，卷六至卷十由姜海軍校點。

校點者　劉　薔

論語全解原序❶

言理則謂之論，言義則謂之議。莊子曰：「六合之外，聖人存而勿論；六合之內，聖人論而不議；❷《春秋》經世先王之志也，聖人議而勿辨。」❸蓋夫論則及理耳，所虧者道；議則及義耳，所虧者理。聖人豈不欲廢去應問，體道以自冥哉！道，無問無應，不發一言，不與萬物同。❹患此，特畸人耳，非聖人之所尚，然則孔子雖欲忘言，豈可得哉！不得已而言理，以答學者之問而已，夫是之謂「論語」。然而王者之迹熄，聖人雖言理以答學者之問，猶未可以已也。故其言義則存乎《春秋》，言理則存乎《論語》。而《春秋》之作，是是以勸善，非非以懲惡，善惡之判，猶在權衡之上，輕重或差，予奪弗明，其賞不足以爲榮，其罰不足以爲辱矣，不得不議。若夫《論語》之言，則答學者之問而已，何事乎此！嘗謂希微者道，❺易簡者理；君子以理明道，

❶ 四庫底本、上圖抄本均題作「太學博士陳用之入經論語全解序」、「門人章粹校勘」。

❷ 「不」，上圖抄本作「弗」。

❸ 「勿」，上圖抄本作「弗」。

❹ 「不」，四庫底本、上圖抄本作「下」。

❺ 「微」，上圖抄本作「夷」。

以義明理，言至於義，去道遠矣。孔子之世，師道既明，異端未起，❶由辨議無間而作，❷故聖人之答問，言理而足矣。平居之時，弟子在側，各言其志，聖人察其所安，得其才性之病處，仁孝之言隨分而應，不必屢告而詳説之。❸大抵君子之教人，欲其思得之。❹孔子之於弟子，不憤則不啟，不悱則不發。有所罕言，有所不語，❺其歸則曰「忠恕仁義」而已。一隅之舉，兩端之叩，近而遠，約而詳，思得之，則會其所固有者矣。❻弟子之列，有聞一而知二者，有聞一而知十者；問《詩》而知禮，問伯夷而知夫子；小以成小，大以成大；我告之約，彼得之詳，以至於是歟！不足之冉求，不悦之季路，聞理而不得叛，卒爲賢者，則後世之學士、大夫豈宜置諸口耳之間哉！《論語》之後，子思之《中庸》、孟子之七篇尤得其詳。❼然而孟子之世，許子之言盈天

❶「未起」，上圖抄本作「咸服」。
❷「作」下，上圖抄本有「欺惑學者之真智」七字。
❸「必」，上圖抄本作「須」。「之」下，有「然後直也」四字。
❹「得之」下，上圖抄本有「詳其思矣」四字。
❺「語」下，上圖抄本有「多數之仁不可勝計」八字。
❻「矣」，上圖抄本作「耳」。
❼「詳」，上圖抄本作「傳」。

下，❶孟子思欲拒詖説，放淫辭，不得已而有辨焉。難疑問答不直則道不見，❷故其爲言尤詳於《論語》。雖然，聖人之言或論或辨，非立異也，時焉而已矣。陳祥道序。❸

❶「盈」下，上圖抄本有「於」字。

❷「問答」，上圖抄本作「答問」。

❸「陳祥道序」，上圖抄本、國圖本無此四字。

論語全解卷一❶

宋陳祥道撰❷

學而第一

子曰：「學而時習之，不亦説乎！有朋自遠方來，不亦樂乎！人不知而不愠，不亦君子乎！」

學，所以窮理；教，所以通物。學而時習之，則於理有所見，故悦；有朋自遠方來，則於物有所通，故樂。於理有所見，於物有所通，宜爲人知而不知，宜愠而不愠，然後謂之君子。悦、樂，智之事也；不愠，仁之事也。子夏出見紛華而悦，入聞夫子之道而樂，則悦者有所得於外，樂者有所適於内。朋友之講習，《易》以爲悦；得天下英才而教育之，孟子以爲樂，是講習亦此意也。然人之情莫不喜其所同，惡其所異，榮其所達，醜其所窮，則其喜、惡、榮、醜，在物而不在我，庸能安於命哉！此孔子所以謂「不知命無以爲君

❶ 四庫底本、上圖抄本題作「重廣陳用之真本入經論語全解義卷第一」，以下各卷同，不一一出校。

❷ 四庫底本、上圖抄本均題作「左宣德郎充館閣校勘太常博士賜緋魚袋陳祥道」，以下各卷同。

子」、「人不知而不愠，然後爲君子」。《易》曰：「不見是而无悶。」子曰：「不見知而不悔。」❶孟子曰：「人不知亦囂囂。」故孔子在陳，弦歌不衰；孟子去齊，未嘗不豫：凡以此也。《傳》曰：「蘭，不爲莫服而不芳；舟，不爲莫乘而不浮；君子，不爲莫知而愠。」彼子路之愠見，子貢之色作，豈知是哉！

有子曰：「其爲人也孝弟，而好犯上者，鮮矣；不好犯上，而好作亂者，未之有也。

犯上者，常始於不順；作亂者，常始於犯上。孝弟則順矣，故好犯上者鮮；不好犯上則順之至，故好作亂者未之有也。有子不曰「不犯上」而曰「不好犯上」者，❷不犯上在迹，不好犯上在心，心之所不好，則迹之所不爲。可知《詩序》以「無犯非禮」不及「無思犯禮」之深，則「不犯上」不及「不好犯上」之爲至也。

「君子務本，本立而道生。孝弟也者，其爲仁之本與！」

孝弟出於性，而道又出於孝弟。人莫不有孝弟之良心，而道常不存者，以其務末不務本也。❸言本立而道生，又言孝弟仁之本，❹蓋仁者，人也，合而言之，道也。《禮記》言「中者，天下之大本」，繼之以「和者，天下之達道」。《詩序》言《葛覃》「后妃之本」，繼之以「化天下以婦道」。其所謂「本」者雖殊，其本立而道

---

❶「知」，四庫底本、上圖抄本作「是」，館臣籤云「不見是應改爲不見知」。

❷「有子不曰」，上圖抄本、四庫底本無「不」字，四庫館臣籤云「按文法應作不曰」。

❸「務末不務本」，四庫底本作「務本不務末」，館臣籤云「應改務末不務本」。

❹「仁」，四庫底本作「人」，館臣籤云「應改孝弟仁之本」。

生則一也。孟子以事親爲仁之實，有子則以孝弟爲仁之本者，孟子執同以爲異，有子合異以爲同故也。古之立言者，類多如此。孟子言「堯舜之道，孝弟而已」，《禮記》則言「孝近王，弟近霸」。孔子言：「人而不仁，如禮樂何？」《禮記》則言「義近禮，❶仁近樂」。

子曰：「巧言令色，鮮矣仁。」

訥者無巧言，木者無令色。木與訥，務本者也，故近仁；巧言令色，務末者也，故鮮矣仁。《禮》稱「辭欲巧」，《詩》「美令儀」，巧、令者，❷何也？子曰：❸「有其本而輔以末，❹則庶乎其可；若事其末而忘其本，則不可。」

曾子曰：「吾日三省吾身：爲人謀而不忠乎？與朋友交而不信乎？傳不習乎？」

謀貴忠，言貴信，傳貴習。謀交傳者施諸人，忠信習者存諸己。先忠信而後習，與《易》言「忠信進德」繼之以「修辭立其誠」，《禮》言「尊德性」而繼之以「道問學」同意。❺季文子三思，則思其所未然者也；曾子之三省，則省其所已然者也。《傳》曰：「君子三省乎身，則智明而行無過。」此之謂歟？孟子曰：「事孰爲

---

❶「言」，原無，據上圖抄本補。

❷「令」下，上圖抄本有「色」字。

❸「子」，上圖抄本無此字。

❹「有其本」至「則不可」，上圖抄本作「有其本而輔以末則可，事其末而忘其本則非」。

❺「性」，四庫底本作「信」。「問學」，四庫底本作「學問」，爲館臣圈改。

大？事親爲大；守孰爲大？守身爲大。」曾子三省其身，可謂善守身矣。

子曰：「道千乘之國，敬事而信，節用而愛人，使民以時。」

敬則無所苟，信則無所誕；節用則不傷財，愛人則不害民；使民以時，則不奪其力。蓋不能敬事，則不能立信；❶不能節用，則無以愛人。故言敬事而繼之以信，言節用而繼之以愛人。成王誥康叔以「汝亦罔不克敬典，❷乃由裕民」。則敬事而信，所謂「敬典」也；節用而愛人，使民以時，所謂「裕民」也。示之以敬，則民不慢；示之以信，則民不疑；示之以愛，則民不離。然後從而使之，且使之也又以時，人孰以爲厲己哉？言人又言民者，人有十等，民則特其賤者而已。愛則兼乎貴賤，故言人；使之則特其賤者，❸故言民。《詩》曰「宜民宜人」，《傳》曰「和其民人」，與此同意。《周官·縣師》、《質人》、《朝士》所謂「人民」，則異於是矣。千乘之國，百里之國也。《禮記》曰「封周公于曲阜，地方七百里，革車千乘」者，革車千乘，自百里言之；地方七百里，兼附庸言之。

子曰：「弟子入則孝，出則弟，謹而信，汎愛衆，而親仁。行有餘力，則以學文。」

入則孝於父兄，出則弟於長上；庸行之謹，庸言之信；汎愛衆而有容，親仁而有擇，凡此尊德性者也。尊

---

❶「不能」，上圖抄本作「無以」。

❷「敬」，四庫底本無此字，館臣籤云「不克下應添敬字」。

❸「者」，四庫底本無此字，館臣籤云「賤字下應添者也」。

德性而後可以道問學，故曰「行有餘力，則以學文」。蓋「弓調然後可以求中，馬服然後可以求良，士信慤然後可以求智能」。若夫不知出此，而以學文爲先，此古人所以譏其「聖讀庸行」、「鳳鳴鷙翰」也。《禮》曰：「忠信之人，可以學禮。」

子夏曰：「賢賢易色；事父母，能竭其力；事君，能致其身；與朋友交，言而有信。雖曰未學，吾必謂之學矣。」

彼善而我善之，謂之善善；彼賢而我賢之，謂之賢賢。易色，智也；事父母能竭其力，孝也；事君能致其身，忠也；與朋友交，言而有信，信也。有是四者，則其質美矣。故「雖曰未學，吾必謂之學矣」。由是觀之，朽木糞土之質，雖博學多聞，君子謂之未學可也。

子曰：「君子不重則不威，學則不固；主忠信，無友不如己者；❶過則勿憚改。」

言重則有法，行重則有德，貌重則有威。蓋重足以畏人而不詘於人，足以役物而不役於物。不詘於人，故有威；不役於物，❷故學固。❸昔顔氏子視聽言動無非禮，則重矣；得一善則拳拳服膺而不失之，則固

---

❶「無友」，四庫底本作「毋有」，爲館臣墨筆圈改。按：通行本《論語》此句於《學而》篇作「無」，《子罕》篇作「毋」。

❷「物」，四庫底本作「學」，館臣籤云「於學應改於物」。

❸「學」下，上圖抄本有「則」字。

矣。莊子云：「中無主則不正，外無正則不行。」主忠信，則有主於内；無友不如己，❶則有正於外也。重以固其學，友以輔其德，可謂善學矣。然過而憚改，則不足以成君子之道，❷故終之以過則勿憚改也。《易》之要終於補過之无咎，孔子之憂終於不善不能改，與此意同。

曾子曰：「慎終追遠，民德歸厚矣。」

《孝經》曰「擗踊哭泣，哀以送之，卜其宅兆，而安厝之」，慎終者也；「爲之宗廟，以鬼享之。春秋祭祀，以時思之」，追遠者也。於終慎之，則生可知；於遠追之，則近可知：此民德所以歸厚矣。《詩序》有云「民德歸厚一」者，❸「一」者，民之行，厚者，民之性，則民性即「民德歸厚」。「一」者，以行齊行也；「民德歸厚」者，以性化性也。慎終追遠，民德歸厚，豈非以性化性哉！

子禽問於子貢曰：「夫子至於是邦也，必聞其政，求之與？抑與之與？」子貢曰：「夫子温、良、恭、儉、讓以得之。夫子之求之也，其諸異乎人之求之與？」

《禮》曰：「温良者，仁之本。」又曰：「恭儉以求役仁，信讓以求役禮。」❹則温、良、恭、儉、讓者，仁與禮而

---

❶「無」，四庫底本作「毋」，爲館臣圈改。
❷「成」，上圖抄本作「全」。
❸「詩序有云民德歸厚一者」，按《毛詩》惟《伐木》序有「民德歸厚矣」之語。
❹「信讓」，上圖抄本、四庫底本作「恭遜」，館臣籤云「恭遜以求役禮，按《禮記》應改信讓以求役禮」。

已。仁者愛人，愛人則人常愛之；有禮者敬人，敬人則人常敬之：此夫子之至於是邦必聞其政也。然夫子之道，其體無方，其用無體，豈特温、良、恭、儉、讓而已哉！蓋釋其所有而致人之所以來者，如斯而已。若夫哀公、季康子問之於魯，景公問之於齊，葉公問之於楚，凡此皆未嘗求之而彼自以其政來問，❶則夫子之所求，求諸己而已。

子曰：「父在，觀其志；父没，觀其行，三年無改於父之道，可謂孝矣。」

父在觀其志，將以承之也；父没觀其行，將以行之也；三年無改，❷過乎此而改之可也。孟莊子不改父之臣與父之政，❸孔子以爲難能，謂其過三年而不改故也。《禮》曰：「孝子之身終，❹終身也者，非終父母之身，終其身也。是故父母之所愛，愛之；父母之所敬，敬之。至於犬馬盡然，況於人乎！」此孝子所以改父之道不忍爲也。然父之道爲可行也，雖終身無改可也。以爲不可行也，三年無改，可乎？曰：「古之人君，有三年之喪，皆以其國聽於冢宰。雖父之道爲不可行，吾猶不與改也。」彼魯隱公於其可改而不改，以至成先公之邪志；秦襄公於其不可改而改之，以至忘先君之舉，皆不足以語此。❺

❶「未嘗求之」，上圖抄本作「非其所求」。
❷「改」下，上圖抄本有「於父之道則」五字。
❸「孟」，原無，據上圖抄本及《論語·子張》補。
❹「終」，四庫底本無此字，館臣籤云「按《禮記》孝子之身終」。
❺「語」，上圖抄本作「知」。

有子曰：「禮之用，和爲貴。先王之道，斯爲美。小大由之，有所不行；知和而和，不以禮節之，亦不可行也。」

敬者，禮之「體」；和者，禮之「用」。一之於敬則離，故「用和爲貴」；一之於和則流，故「小大由之，有所不行」。「知和而和」，非「小大由之」者也。然不以禮節之，亦不可行也。《禮》曰：「夫敬以和，何事不行？」《傳》曰：「敬與和，相反而相成。」

有子曰：「信近於義，言可復也。恭近於禮，遠恥辱也。

言必信則遠義，行太巽則遠禮。君子無遠義之信，然後言可復；無遠禮之恭，然後遠恥辱。晉文公伐原退舍，則言可復；尾生之信，非可復也。孔子敬所不敬，則遠恥辱；陳質之恭，非遠恥辱也。恥由中出，辱自外至，《論語》有言恥而不及辱，此兼言之者，以其恭近禮而待己待人之道備故也。

「因不失其親，亦可宗也。」

不因人而人因之，其德崇，德崇，則人之所宗也；莫之因而因人者，其德卑，德卑，非人之所宗也。雖然，因人而不失其所親，則所聞者正言，所見者正行，亦可宗也。《易・比》之初六，擇「有孚」者「比之」，所謂「因不失其親」也；「終來有它，吉」，所謂「亦可宗」也。❶

子曰：「君子食無求飽，居無求安，敏於事而慎於言，就有道而正焉，可謂好學也已。」

---

❶「也」下，上圖抄本有「陳相之學許行失是矣」九字。

「食無求飽，居無求安」，不以小體害大體；「敏於事而慎於言」，不以所言勝所爲，此資諸己者也。「就有道而正焉」，資諸人者也。古之有道者，所飽在德，不在食；所安在仁，不在居。進其茂菽，有稻粱之味；庇其蓬屋，若廣厦之蔭。終身自適，❶不知榮辱之在我也，❷在彼也。君子以飽食安居爲戒，此學者所宜知也。《易》曰：「君子將有爲也，將有行也。」行則所行者也，事則所爲者也。言君子敏於事，又言君子欲敏於行。則敏於行，成德之君子也；敏於事，務學之君子也。《傳》曰：「行成而先，事成而後。」

子貢曰：「貧而無諂，富而無驕，何如？」子曰：「可也，未若貧而樂，富而好禮者也。」子貢曰：「《詩》云『如切如磋，如琢如磨』，其斯之謂與？」子曰：「賜也，始可與言《詩》已矣，告諸往而知來者。」

諂失之卑，驕失之亢，二者非本於自然，而常出於或使。故貧而諂，不若無諂；富而驕，不若無驕。然無諂則能守而已，未若樂；無驕則能恭而已，未若好禮。此所以有其質者，不可不成之以學也。治骨與角謂之切磋，治玉與石謂之琢磨。切磋則以彼利器修此而成器，故譬之道學；琢磨則以謂見不善改此而成善，故譬之自修。道學，所謂見賢思齊者也；自修，所謂見不賢而内自省者也。❸自切磋至於琢磨，然後器可用；自道學至於自修，然後道可成。故先切磋，後琢磨；先道學，後自修也。《禮》曰：「玉不琢不成

❶「身」，上圖抄本、四庫底本無此字，爲館臣所加。
❷「不」上，上圖抄本有「然」字。
❸「者」，四庫底本無此字，館臣以墨筆加。

器，人不學不知道。」荀卿曰：「『如切如磋，如琢如磨』，謂學問也。」蓋別而言之，切磋非自修，琢磨非道學，合而言之，皆學問而已。此以富而無驕，未若好禮，以好禮然後不驕，何也？無驕者，質也；好禮者，文也。美質者，待文而後成，故無驕未若好禮；非美質者，待文而後治，故好禮而後不驕。

子曰：「不患人之不己知，患不知人也。」

人之於己，知不爲益，❶不知不爲損，故不患不知，❷以在外故也。己之於人，知則爲智，不知則爲不智，故患不知人，❸以在我故也。子曰「不患無位，患所以立」，亦此意歟！❹

爲政第二

子曰：「爲政以德，譬如北辰，居其所而衆星共之。」

天運無窮，三光迭耀，其中正而不移者，北辰而已。故天之樞則北辰，爲政者取譬焉。北者，道之復於無，

❶「知」下，上圖抄本有「之」字。
❷「患」下，上圖抄本有「其」字。
❸「患」下，上圖抄本有「乎」字。
❹「此」，上圖抄本作「其」。

無者，無爲者也。辰者，居中而正乎四時者也。無爲而正乎四時，則無爲而無不爲矣。爲政以德，亦若此也。蓋政以德，然後善；以正，然後行。《書》曰「德惟善政」，政以德，然後善也。孔子曰：「子帥以正，孰敢不正？」以正，而後行也。孔子之時，爲政者不然，故譬稱以明之。《家語》曰：「德者，政之始。」❶

子曰：「《詩》三百，一言以蔽之，曰『思無邪』。」

無邪者，天之道；思無邪者，人之道。《詩》言性情而束之於法度，其言雖多，一言可以蔽之者，思無邪而已。觀變《風》變《雅》，作於王道陵夷之後，猶止乎禮義，則《詩》之思無邪者，於此可見矣。孟子曰：「博學而詳説之，將以反説約也。」揚子曰：「多聞守之以約。」「《詩》三百，一言以蔽之」者，説約故也。然説約者，猶事乎善言，爲詩者不説則忘言矣。蓋言者，❷君子所以教人；忘言者，君子所以自處。

子曰：「道之以政，齊之以刑，民免而無恥；道之以德，齊之以禮，有恥且格。」

道之以政，則非以德；❸道之以德，非無政也。齊之以刑，則非有禮；齊之以禮，非無刑也。民免而無恥，《禮》所謂「民有遯心」也；❹有恥且格，《禮》所謂「民有格心」也。❺民可使覿德，不可使覿刑。覿德則純，

---

❶「始」，四庫底本作「如」，館臣籤云「據《家語·入官》篇改」。
❷「蓋」，疑爲「善」之誤。
❸「以」，上圖抄本作「有」。
❹「遯」，上圖抄本、四庫底本作「格」，館臣籤云「格應改遯」。
❺「格」下，上圖抄本、四庫底本無「心」字，館臣籤云「格字下應添心字」。

覿刑則亂。則道之以政，以至於民免而無恥者，覿刑則亂也；道之以德，以至於有恥且格者，覿德則純也。《書》云「帝德罔愆」，繼之以「不犯于有司」，此「道之以德」，而「有恥且格」者也。《傳》曰「法出而奸生，令下而詐起」，此「道之以政，民免而無恥」者也。

子曰：「吾十有五而志于學，三十而立，四十而不惑，五十而知天命，六十而耳順，七十而從心所欲，不踰矩。」

志學至立，爲學日益而窮理者也；不惑至耳順，爲道日損而盡性者也；然心不踰矩，損之又損而至於命者也。❶ 孔子曰：「興於詩，立於禮，成於樂。」又曰：「可與共學，未可與適道；可與適道，未可與立；可與立，未可與權。」則十五志于學，興於詩，而可與共學者也。三十而立，立於禮，而可與立者也；成於樂，而可與權者也。惟七十從心，然後能之耳。❷ 然耳順則用耳而已，非所謂視聽不用耳目；從心則有心而已，非所謂廢心而用形。孔子之言不及是者，姑以與人同也。孔子嘗曰「吾六十有九未聞大道」，則七十從心者，聞大道故也。莊子曰「莊猖狂妄行，自蹈乎大方」，則不踰者也，蹈大方故也。

孟懿子問孝，子曰：「無違。」樊遲御，子告之曰：「孟孫問孝於我，我對曰『無違』。」樊遲曰：「何謂也？」子曰：「生，事之以禮；死，葬之以禮，祭之以禮。」

❶「又損」下，上圖抄本有「之」字。

❷「耳」，上圖抄本無此字。

孟武伯問孝，子曰：「父母，唯其疾之憂。」

子游問孝，子曰：「今之孝者，是謂能養。至於犬馬，皆能有養。不敬，何以別乎？」

子夏問孝，子曰：「色難。有事，弟子服其勞；有酒食，先生饌，曾是以爲孝乎？」

四子問孝，夫子告懿子以無違，教之以不失禮也；告武伯以父母唯其疾之憂，教之以不辱親也；告子游以不敬何別，教之以敬親也；❶告子夏以色難，教之以愛親也。❷其問則同，而告之不同，凡各救其失而已。《謚法》曰：「温柔賢善曰懿，剛强直理曰武。」温柔賢善，則於禮有所不立，故教之以不失禮；剛强直理，則於行有所不慎，故教之以不辱親。子游之性近於偷懦，則或失於不敬，故教之以敬；子夏之性近於悦外，則或失於不愛，故教之以愛。不失禮則易，❸而不辱親難；不辱親則易，而敬親難；❹敬親則易，而愛親難，故於色然後言難也。《禮》曰「養可能也，敬爲難；敬可能也，安爲難」，亦此意歟？

子曰：「吾與回言終日，不違，如愚。退而省其私，亦足以發。回也不愚。」

道無問，問無應，故無始以無窮謂之不知爲深，黄帝以無爲謂之不知爲真，此孔子以顔回之如愚爲不愚，

❶「親」，上圖抄本作「孝」。

❷「親」，上圖抄本作「孝」。

❸「不」上，上圖抄本有「孝」字。

❹「親」，上圖抄本作「孝」。下二「親」字同。

皆所以貴其不知之知、不言之言也。回於孔子則如愚，於其私則不愚者，道相邇者可以意會，而道相遠者必以言傳也。老子曰「我若愚人兮」，又曰「盛德容貌若愚」，顔子其近之矣。

子曰：「視其所以，觀其所由，察其所安，人焉廋哉？人焉廋哉？」

所以，其所行爲者也；所由，其所趨向者也；所安，其所安止者也。見之之謂視，達視之謂觀，詳視之謂察。其所由難知於所以，而非視所能盡，❶故觀；所安難知於所由，而非觀所能悉，❷故察。顔淵用之則行，舍之則藏，其所以也；願無伐善，無施勞，其所由也；三月不違，陋巷不改，其所安也。古之觀人者，其精或致於九德，❸其粗或止於九驗。或觀之眸子，或得之眉睫。其所觀雖殊，要不過是三者而已。

子曰：「温故而知新，可以爲師矣。」

温故則月無忘其所能，知新則日知其所亡，如此則學不厭矣。學不厭，然後誨不倦，故曰「可以爲師」。蓋師者，人之模範，而學者之賢不肖繫焉，故記問之學不足爲，而小知之師不足貴，惟温故而知新者，然後可也。《記》曰：「既知教之所由興，又知教之所由廢，然後可以爲人師。」又曰：「能博喻，然後能爲師。」非夫

---

❶「所以而非視」，上圖抄本無此五字。

❷「悉」，上圖抄本作「詳」，四庫底本作「安」，館臣籤云「安應改悉」。

❸「德」，上圖抄本、四庫底本作「得」，館臣籤云「九得應改九德」。

温故而知新者，孰與此哉？ 然「温故而知新，可以爲師」與「温故知新，敦厚崇禮」者有間矣。❶

子曰：「君子不器。」

大道不器，故君子亦不器。 君子之道，能柔能剛，能圓能方；流之斯爲川，塞之斯爲淵；升則雲行，潛則雨施，豈滯於一隅、適於一用而爲人之所器者？❷ 若夫子貢之瑚璉，管仲之器小，則於君子有所不足，此聖人所以不欲碌碌如玉、落落如石，❸顔子之言孔子「瞻前忽後」，❹則孔子之道固不器矣。 子貢譬之以「宫牆」，豈爲知孔子者哉！ 揚子曰：❺「君子不械。」

子貢問君子，子曰：「先行其言而後從之。」

至言去言，至爲去爲。 則凡言者，風波也；爲者，實喪也，又况言浮於行者哉！ 此孔子所以告子貢以先行而後言也。《禮》曰：「君子約言，小人先言。」

子曰：「君子周而不比，小人比而不周。」

---

❶「温故知新，敦厚崇禮」，上圖抄本作「温故而知新，敦厚以崇禮」。「有」上，上圖抄本有「固」字。

❷「者」，上圖抄本作「哉」。

❸「石」下，上圖抄本有「也」字。

❹「瞻前忽後」，上圖抄本作「瞻之在前，忽焉在後」。「後」下，上圖抄本有「又因無器而民蹈乎其前」十字。

❺「揚」，四庫底本作「楊」，館臣籤云「楊應改揚」，以下同，不再一一出校。

忠信者善周復，故周；阿黨者多缺露，故比。❶君子忠信而已，故周而不比；小人阿黨而已，故比而不周。大凡言君子道全、小人道缺者，此也。《書》言「自周有終」，《詩》云「行歸于周」、「周爰咨諏」，皆君子之道也；《詩》曰「洽比其鄰」，皆小人之道也。然周亦有小人之周，比亦有君子之比。《左傳》曰「是爲比周」，原思曰「比周而友」，小人之周也；《易》之「顯比」，《周官》「比閭」，君子之比也。❷

子曰：「學而不思則罔，思而不學則殆。」

思由中出，學自外入。學而不思，則內無自得之明，故不信而罔；思而不學，則外無多識之益，故不安而殆。子曰：「博學之，慎思之。」荀子曰：「誦數以貫之，思索以通之。」揚雄曰：「學以聚之，思以精之。」是思以學而後得，學以思而後精，二者謂其可偏廢乎哉！❸ 蓋罔者，不信之器，相沿失誤，而《詩》有「羅罝」之喻，此不思所以謂之罔也。

子曰：「攻乎異端，斯害也已。」

天下之物有本有末，本出於一端，❹立於兩。出於一則爲同，立於兩則爲異，故凡非先王之教者皆曰「異

---

❶ 兩「故」字下，上圖抄本均有「爲」字。

❷ 「比」，四庫底本作「周」，館臣籤云「周應改比」。

❸ 「謂」，上圖抄本無此字。

❹ 「本」，上圖抄本、四庫底本作「端」，館臣籤云「端出應改本出」。

端」也。子夏曰：「雖小道，必有可觀者焉，致遠恐泥。」以有可觀，故有攻之者；以其致遠恐泥，故斯害也已。董仲舒曰：「諸不在六藝之科、孔子之術者，皆絶其道，勿使進。」此之謂知本者也。

子曰：「由！誨女知之乎！知之爲知之，不知爲不知，是知也。」

由於德則鮮知，於正名則不知；於人未能事而欲事鬼，於生未能知而欲知死，則其以不知爲知，蓋不少矣，孔子所以誨之也。知之爲知之，❶不知爲不知，外不自以誣，内不自以欺，則以不知爲知者，非誣且欺乎！老子之言至於「知不知」，孔子之言止於「知之爲知之」，老子所言者道，孔子所言者教也。

子張學干禄。子曰：「多聞闕疑，慎言其餘，則寡尤；多見闕殆，慎行其餘，則寡悔。言寡尤，行寡悔，禄在其中矣。」

言出於所聞，行出於所見。言以宣道，故極高明；行以行己，故道中庸。言極高明則寡口過，故於人則寡尤；行道中庸則寡怨惡，故於己則寡悔。如此則有得禄之理，❷故曰「禄在其中」。詩人以「履」爲「禄」，與

---

❶ 「知之爲知之」上，上圖抄本有「荀卿曰」三字，按《荀子》無此語，《非十二子篇》楊倞注曾引《論語》此下諸句。

❷ 「理」，上圖抄本作「道」。

此意同。蓋君子求己，小人求人。❶「修天爵以要人爵」，❷求諸人者也。子張學干禄，則學求諸人；❸孔子語之以言行，求諸己而已。❹孔子於回則賢之，於開則悦之，於點則與之，皆以其有志於學而無志於仕也。❺子張之學干禄，豈孔子之所許哉！《詩》於富多言「求」，❻於禄多言「干」，蓋求富則有通於上下，禄者僅干於上而已。合而言之，皆干者也。

哀公問曰：「何爲則民服？」孔子對曰：「舉直錯諸枉，則民服；舉枉錯諸直，則民不服。」

自道言之，賢者非在所尚；自事言之，賢者不得不舉。老子曰「不尚賢，使民不争」，莊子曰「舉賢則民相軋」，自道言之也；莊子曰「行事尚賢」、「貴賤履位，仁賢不肖襲情」，自事言之也。孔子之答哀公，❼則事而已，故曰「舉直錯諸枉，則民服」，蓋民情好直而醜枉。❽舉枉錯諸直，則拂民之欲，而民莫不怨；舉直錯

---

❶「君子求己，小人求人」，上圖抄本作「君子求諸己，小人求諸人」。

❷「修天爵」下，上圖抄本、四庫底本有「也」字，館臣籤云「也字應删」。

❸「學」，上圖抄本作「欲」。

❹「求」上，上圖抄本有「使之」二字。

❺兩「志」字，上圖抄本作「意」。

❻「詩」，原無，據上圖抄本補。「富」，上圖抄本作「福」。下「富」字同。

❼「答」，上圖抄本作「對」。

❽「民情」，上圖抄本作「民之情莫不」。

諸枉，則適民之願，而民莫不服。《詩》云「樂彼之園，爰有樹檀，❶其下維穀」，以言上賢而下不肖，則人莫不服而樂焉，此舉直錯枉則民服之意也。❷孔子謂樊遲曰：「舉直錯諸枉，能使枉者直。」不特民服而已，❸告哀公不及此者，❹即其所問而答之也。❺

季康子問：「使民敬忠以勸，如之何？」子曰：「臨之以莊，則敬；孝慈，則忠；舉善而教不能，則勸。」敬則不苟，❻忠則不欺，勸則不戒。❼敬、忠由中出，勸自外入，故康子之問先敬、忠而後勸。孝，子道也；慈，父道也。孝以率之，則民觀而化；慈以懷之，則民感而化：故忠。舉善而列之以爵禄，❽教不能而引之以道藝，故勸。《禮》曰「孝以事君，慈以使衆」，此孝、慈所以使民致忠之道也。❾《書》曰：「人之有猷有

❶「爰」，原作「園」，據上圖抄本及《詩經·小雅·鶴鳴》改。
❷「則」，原無，據上圖抄本補。
❸「不」上，上圖抄本有「能使枉者直則」六字。
❹「告」，上圖抄本作「對」。
❺「即其所問而答之」，上圖抄本作「即其問者告之」。
❻「敬」，上圖抄本避諱作「欽」。下同。
❼「戒」，上圖抄本作「解」。
❽「禄」，上圖抄本作「賞」。
❾「使民」，上圖抄本無此二字。

爲有守，汝則念之。不協于極，不罹于咎，皇則受之。」而繼之以「是彝是訓」，此舉善而教不能所以致勸之道也。臨之以莊，禮也；孝慈，仁也；舉善而教不能，則勸。有是三者，則民不待使而化。康子不知出此而欲使之化焉，豈知務哉！

或謂孔子曰：「子奚不爲政？」子曰：「《書》云：『孝乎惟孝，友于兄弟，施於有政。』是亦爲政，奚其爲爲政？」

或人知爲政而不知所以爲政，是知有用之用而不知無用之用，故夫子告以「惟孝友于兄弟，❶是亦爲政」也。孝之施於政也，愛敬而已。愛敬盡於事親，而德教刑于四海，❷則孝之施于政也，豈不難哉！❸蓋愛敬立，則雖不爲政而與孝同；愛敬不立，則雖爲政而與不爲政同。揚子曰「身立則敬立」，此之謂也。然廣土衆民，雖非君子之所樂而亦其所欲；中天下而立，定四海之民，雖非君子之所性而亦其所樂。❹孔子之不爲政，豈得已哉？以其難爲或人言，故告不及此。❺

子曰：「人而無信，不知其可也。大車無輗，小車無軏，其何以行之哉？」

---

❶「夫子告」，上圖抄本作「孔子對」。
❷「教」下，上圖抄本有「可以」二字。
❸「不」，上圖抄本無此字。
❹「性」，疑爲「欲」之誤。
❺「告不及此」，上圖抄本作「答之如此」。

信之在人，猶輗軏之在車。人而無信，雖仁義禮智而不可行；車而無輗軏，雖輪轅輻輳而不可運，此《太玄》所以言「車無輗軏以貴信」也。行以立爲體，立以行爲用。「民無信不立」者，體也；「人無信，其何以行之哉」，用也。《易》曰：「乾坤成列，而易立乎其中矣。」❶又曰：「天地設位，而易行乎其中矣。」體、用之辨也。

子張問：「十世可知也？」子曰：「殷因於夏禮，所損益，可知也；周因於殷禮，所損益，可知也。其或繼周者，雖百世可知也。」

道之生也，以三而成；其變也，以三而復。故在天有陰有陽，有陰陽之中；在人有文有質，有文質之中。天之消息盈虛雖不同，不過三者之相代而已；人之因革損益雖不一，不過三者之相救而已，此所以由周至於十世、由十世至於百世可知也。今夫一人之身，布指足以知寸，布手足以知尺，舒肘足以知尋。天下之變，若此而已，則百世之因革損益，其難知哉！或問秦以繼周，不待夏禮而治。揚子對以「繼周者如欲太平，舍之而用他道，亦無由至矣」，此之謂也。董仲舒以忠、質、文爲三代之道，是離忠、質以爲二，而不知忠者乃所以爲質也。

子曰：「非其鬼而祭之，諂也。」

---

❶「而」，上圖抄本、四庫底本無此字，館臣籤云「下應添而字」。

祀不貴淫，神不享諂。❶《周官·太宰》「八則」「祭祀以馭其神」，太祝命官，❷則淫祀之禁尚矣。世衰法弛，淫祀滋盛，其大至於五時，其小及於爰居，以至正祀廢，❸則夭昏傷命者不爲不多，❹凡此皆謂之罪也。漢谷永譏無福之祀，魏文帝禁非禮之祭，可謂知禮矣。

「見義不爲，無勇也。」

不見義而不爲，君子恕之以不知；見義不爲，君子責之以無勇。曾子曰：「自反而不縮，雖褐寬博，吾不惴焉。自反而縮，雖千萬人，吾往矣。」是見不義不可以必爲，❺而見義不可不爲也。❻春秋之時，叔段有不弟之惡，鄭伯可制而不制；黎侯有狄人之患，❼衛侯可救而不救；❽田常有弑君之罪，魯侯可討而不討：凡此「見義不爲，無勇也」。

❶「享」，上圖抄本作「歆」。
❷「官」，上圖抄本作「者」。
❸「正祀」，上圖抄本作「巫祝」。「廢」，上圖抄本、四庫底本作「費」，館臣籤云「費應改廢」。
❹「夭」，上圖抄本、四庫底本作「妖」，館臣籤云「妖應改夭」。「命」，上圖抄本作「民」。
❺「不義」，上圖抄本、四庫底本誤重二字，館臣籤云「多不義二字，應删」。
❻「見」，四庫底本無此字，館臣籤云：「而字下應添見字」。
❼「狄人」，國圖抄本作「危亡」。
❽「侯」，上圖抄本、四庫底本作「伯」，館臣籤云「衛係侯爵，《春秋》中從無稱伯之時，原本作伯，今改。李駿」。

論語全解卷二

八佾第三

孔子謂季氏，「八佾舞於庭，是可忍也，孰不可忍也？」

三家者以《雍》徹。子曰：「『相維辟公，天子穆穆』，奚取於三家之堂？」

天下無道，諸侯僭天子，大夫僭諸侯，陪臣僭大夫，大夫不僭諸侯而僭天子，陪臣不僭大夫而僭諸侯。大夫之僭天子，季氏之八佾是也；陪臣之僭諸侯，陽貨之執國命是也。樂之八音，所以擬八風也；❶佾舞，所以節八音而行八風也，❷以其節八音而行八風，故自八以下，此天子所以八佾也。季氏之舞八佾，則是樂於是大壞，❸而民將無所措手足焉，故曰「是可忍也，孰不可忍也」。夫八者，數也；佾者，名也。禮樂之

---

❶「風」下，上圖抄本有「者」字。

❷「風」下，上圖抄本有「者」字。

❸「是樂」，上圖抄本作「禮樂」。

所嚴在名與數，而大夫且僭之，是忍其所不可忍，則非仁也；以「相維辟公，天子穆穆」之辭施於三家之堂，❶則又非智也。八佾，季氏之所獨，《雍》徹，三家之所同，故於八佾言季氏，於《雍》徹言三家。❷歌者貴聲於上，❸舞則動容於下，故於《雍》徹言堂，於八佾言庭。《禮記·明堂位》、《祭統》皆言「干戚舞大武，八佾舞大夏」，《公羊》則曰「八佾舞大武」，❹誤矣。《周禮·樂師》：凡國之小事「帥學士而歌徹」，蓋歌《雍》也。《雍》歌於禘，又用以徹，❺與《鹿鳴》歌於燕群臣，又用於鄉飲酒同意。

子曰：「人而不仁，如禮何？人而不仁，如樂何？」

《周官》掌禮樂以春官，以明禮樂以仁而立也。孟子言仁之實，而言禮樂以仁爲本也。蓋禮者，仁之文；樂者，仁之聲。有仁之實，然後能興禮樂，苟非其人，禮樂豈虛行哉！故顏子不違仁，而孔子告以復禮與《韶》樂；季氏之不仁，罪其八佾與旅泰山也。《記》曰：「惟君子爲能知樂。」孔子曰：「仁者制禮。」

林放問禮之本。子曰：「大哉問！禮，與其奢也，寧儉；喪，與其易也，寧戚。」

儉、戚出於天之性，奢、易出於性之欲。天之性，質而不文；性之欲，薄而不厚。二者皆非中道，故聖人爲

---

❶「三家」，上圖抄本作「家臣」。

❷「家」下，上圖抄本有「者」字。

❸「者」，上圖抄本作「則」。

❹「八」上，上圖抄本有「干戚舞大夏」五字。

❺「以」，上圖抄本作「於」。

禮以節之，使之歸縮於中，❶然後無過不及矣。周道之衰，趨末者衆。林放問禮之本，孔子告以「禮，與其奢也，寧儉；喪，與其易也，寧戚」，正末以本而使之正，矯枉以直而使之中也。孔子於禮樂則欲從先進，於爲邦則欲乘殷輅，❷服周冕，亦此意歟？❸林放問禮之本與堯之爲君，孔子皆曰「大哉」，蓋禮之本，禮之大者，則天爲君之大者故也。❹

子曰：「夷狄之有君，不如諸夏之亡也。」

禮義存，則雖無君而與有君同；禮義亡，則雖有君而與無君等。❺賈誼曰：「法立而不犯，令行而不逆。細民向善，大臣至順，故卧赤子於天下之上而安，植遺腹，朝委裘，而天下不亂。」此所謂「夷狄之有君，不如諸夏之亡也」。

季氏旅於泰山。子謂冉有曰：「女弗能救與？」對曰：「不能。」子曰：「嗚呼！曾謂泰山不如林放乎？」

節莫差於僭，僭莫大於祭，故父不祭於支庶之宅，君不祭於臣僕之家，泰山之神可祭於季氏乎！❻此於

---

❶「縮」，上圖抄本作「宿」。
❷「殷」，上圖抄本作「周」。
❸「此」，上圖抄本作「其」。
❹「天爲君」，上圖抄本作「大爲」。
❺「等」，上圖抄本作「同」。
❻「神」下，上圖抄本有「其神」二字。

明以瀆禮，❶於幽以瀆神，❷非冉有不能救，神豈能說耶！夫子故曰：「曾謂泰山不如林放乎？」

子曰：「君子無所争。必也射乎！揖讓而升，下而飲。其争也君子。」

君子無所不遜，於仁則不遜；君子無所争，於射則争。君子之射，有德以詔之，有禮以節之，有罰以戒之。定其位則有物，課其功則有算。勝者袒決張弓而揖不勝者，不勝者脱拾弛弓而飲於勝者。則求勝者非求服人而害之也，將以養之也；上求中者，非求中而怨之也，將以辭養也。養之則德，辭養則禮。君子之事如此。❸投壺之禮，當飲者跪曰「賜灌」，勝者跪曰「敬養」，與此同意。

子夏問曰：「『巧笑倩兮，美目盼兮，素以爲絢兮。』何謂也？」子曰：「繪事後素。」曰：「禮後乎？」子曰：「起予者商也！始可與言《詩》已矣。」

倩、盼，質也，有倩、盼，然後可文之以禮；素，質也，有素質，然後可文之以繪。詩人近取諸身以明義，孔子遠取諸物以明《詩》，此所以「始可與言《詩》也」。始可與言《詩》，則前此未可與言也，❹蓋朽木不可雕，糞土之牆不可杇。故音者宫立而五音行矣，味者甘立而五味和矣，色者白立而五色成矣，安有無其質而

---

❶「明」下，上圖抄本有「所」字。
❷「幽」下，上圖抄本有「所」字。
❸「此」下，上圖抄本有「而已」二字。
❹「也」，上圖抄本作「矣」。

有文哉！昔人有反裘而負芻者，將以愛其毛而已，然不知裏弊而毛無所傅，是知其文而不知其質者也。有以南山之竹不揉自直，斬而用之，達於犀角，然不知括而羽之，鏃而厲之，然後爲能深入，是知其質而不知其文者也。知夫文質兼尚而不失先後之施者，其惟忠信學禮之人而已。然子貢因禮以明《詩》，子夏因《詩》而悟禮，孔子皆曰「始可與言」，於賜不言「起予」，於商言之者，「起予」之言，生於不足故也。孔子以回爲「非助我」，而以商爲「起予」，則其賢可知矣。

子曰：「夏禮，吾能言之，杞不足徵也；殷禮，吾能言之，宋不足徵也。文獻不足故也，足則吾能徵之矣。」

先王之於二代，欲其人足證，故修其禮物。孔子之時不修賢德以傳之，❶孔子所以傷之也。《中庸》於杞言「不足徵」，❷於宋言「有宋存焉」，蓋亦彼善於此而已。觀春秋瓦屋之會，尊宋公於齊侯之上，杞之來朝，則卑之以子爵，則禮物之存不存可知矣。

子曰：「禘，自既灌而往者，吾不欲觀之矣。」

或問禘之説。子曰：「不知也。知其説者之於天下也，其如示諸斯乎！」指其掌。

祭如在，祭神如神在。子曰：「吾不與祭，如不祭。」

---

❶ 「以傳之」，上圖抄本作「所傳者」。

❷ 「徵」，四庫底本、上圖抄本作「證」，館臣籤云「證應改徵」。

禘之爲祭，其文煩而難行，其義多而難知。❶ 難行也，故自灌而往者多失於不敬；難知也，故知其說者之於天下如指掌，此孔子所以於禘「既灌不欲觀之」，於禘之說則曰「不知也」。夫郊社之禮，禘嘗之義，其粗雖寓於形名度數，其精則在於性命道德。明其義者，君也；能其事者，臣也。不明其義，君人不全；不能其事，爲臣不全。❷ 然則魯之君臣，其不能全也可知矣。所謂「祭如在，祭神如神在」、「吾不與祭，如不祭」。「祭如在」，事死如事生也；「祭神如神在」，事亡如事存也。「吾不與祭，如不祭」，此所以「禘，自既灌不欲觀之」也。孔子於祭則受福，「祭如在，祭神如神在」故也。

王孫賈問曰：「與其媚於奧，寧媚於竈，何謂也？」子曰：「不然，獲罪於天，無所禱也。」

《易》曰「匪其彭，无咎」，則不媚奧而媚竈者，非孔子之與爲也。其見所不見，敬所不敬，姑以遠害而已。❸在昔漢馮野王之於石顯，蕭望之之於霍光，汲黯之於田蚡，猶且不媚，而況不爲三子者乎？彼商鞅附景監，朱博附丁傅，谷永附王鳳，其趨炎附勢，凡若是者，不可勝數，則其所存者可知矣。《春秋傳》獲器用曰得，得人曰獲，則得者獲之易，獲者得之難。

子曰：「周監於二代，郁郁乎文哉！吾從周。」

---

❶「多」，上圖抄本作「衆」。

❷「爲臣」，上圖抄本作「臣又」。

❸「已」下，上圖抄本有「庸豈階之以伸身哉」八字。

天寒積而成暑，非一日；制作積小而備大，非一代也。周禮率爲之制，曲爲之防，上有格於皇天，下有極於狸蟲，則文之郁郁可知矣，孔子所以欲從之也。《中庸》亦曰：「吾學周禮，今用之，吾從周。」然弊不可以不救，變不可以不通，故有「從先進」之説，則「吾從周」者爲後世言也，「從先進」者爲當世言也。孔子筮得賁卦，其色愀然，與「從先進」同意。

子入大廟，每事問。或曰：「孰謂鄹人之子知禮乎？入太廟，每事問。」子聞之，曰：「是禮也。」

《傳》曰：「周公稱太廟，魯公稱世室，群公稱宫。」則太廟其周公之廟歟？「每事問」，❶此所謂「在宗廟，便便言，唯謹爾」者也。而或者因以孔子爲不知禮，夫又安知孔子所謂「知禮者何以易此」哉！《傳》曰：「禮之數可陳也，其義難知也。」孔子之於禮非不知也，然而於每事問者，蓋所謂信言慎也。❷

子曰：「射不主皮，爲力不同科，古之道也。」

水有科，以容其本；斗有科，以受其所酌。凡物自爲科，彼此異焉。蓋射之中在巧，其至在力，然一於力則所觀在力不在德矣，故曰：「射不主皮，爲力不同科，古之道也。」《周官》以「主皮」在和與容之後，《射義》以「志正體直」在持弓矢之先，見「射不尚力」可知矣。周道之衰，射者皆争於主皮，若魯莊之不出正，養由基之穿楊葉，叔段之善射者，蓋亦多矣。故孔子以「不主皮」爲古之道，以救其弊。

---

❶「每」上，上圖抄本有「子入太廟」四字。

❷「所謂」，上圖抄本無此二字。「也」，上圖抄本作「而已」。

子貢欲去告朔之餼羊。子曰：「賜也！爾愛其羊，我愛其禮。」

禮不在玉帛，然非玉帛無以存其文；樂不在鐘鼓，然非鐘鼓無以存其聲；告朔不在餼羊，然非餼羊無以見其禮。故愛羊非所以存其禮，而愛禮不可以不存羊，故曰：「爾愛其羊，我愛其禮。」孔子吉月必朝服而朝，孟子告齊王以「勿毁明堂」，❶亦此意也。《春秋》文公六年「閏月，不告朔，猶朝於廟」，十六年「公不視朔」，蓋告朔告於廟，視朔視其事，則《玉藻》所謂「聽朔」是也。《玉藻》以天子「玄端聽朔於南門之外」，諸侯「皮弁聽朔於太廟」，蓋南門路門之外即治朝，而曰「南門之外」者，因閏月闔門言之也。天子告朔於太廟，聽朔於南門之外，諸侯告朔、聽朔一於太廟而已。告朔必祭，而祭必特牲，祭則《祭法》所謂「月祭」是也。特牲，餼羊是也，《春秋》言「朝於廟」，《禮記》曰「聽朔於太廟」，則兼於祖矣。❷

子曰：「事君盡禮，人以爲諂也。」

希意導言謂之諂，莫之顧而進之謂之佞。孔子事君盡禮而人以爲諂，疾固而人以爲佞，入太廟每事問而人以爲不知禮，擊磬於衛而人以爲有心，豈非所謂「聖賢逆曳，方正倒植」者哉！夫諂則過，簡則不及。孔子行禮於君，人以爲諂；孟子行禮於朝，人以爲簡。則方是之時，無道者不可行禮，有道者不得行禮，

❶「王」，上圖抄本作「宣」。

❷「矣」下，上圖抄本有「穀梁曰諸侯受朔於禰非也」十一字。

此所以進退出入無所逃於過與不及之責也。然觀世俗之說，❶以堯、舜爲不德，以周公爲不仁智，以章子爲不孝，其不見是也，非特孔子而已。❷

定公問：「君使臣，臣事君，如之何？」孔子對曰：「君使臣以禮，臣事君以忠。」

君之於臣不敢慢，故使之以禮；臣之於君不敢欺，故事之以忠。《皇皇者華》，遣之以禮樂，所謂禮也；《四牡》「不遑將母」，所謂忠也。《尚書》曰：「狎侮君子，罔以盡人心；❸狎侮小人，罔以盡其力。」孟子曰：「君之視臣如手足，則臣視君如腹心；君之視臣如犬馬，則臣視君如國人。」昔豫氏曰：「范中行以衆人畜我，我故以衆人視之；智伯以國士遇我，我故以國士報之。」賈誼曰：「遇之有禮，故群臣自喜；嬰以廉恥，故人矜節行。」君臣之道施報而已，故先言君使臣以禮，後言臣事君以忠。

子曰：「《關雎》樂而不淫，哀而不傷。」

后妃之求賢也，既得，則致其樂；未得，則致其哀。《關雎》友之以琴瑟，樂之以鐘鼓，樂而不淫也；求之以寤寐，思之以反側，哀而不傷也。樂者，樂也；不淫色，禮也。哀者，仁也；不傷，性義也。❹樂而節之以

---

❶「説」，上圖抄本作「論」。

❷「而」，原無，據上圖抄本補。

❸「人」，上圖抄本、四庫底本作「其」，館臣據《尚書》籤云「其心應改人心」。

❹「性義」，上圖抄本作「素善義」，四庫底本作「性仁」，館臣籤云「應改不傷性義也」。

禮，仁而成之以義，此所以爲后妃之德也。《詩》先哀思而後樂，《論語》與《詩序》先樂而後哀思。先哀思者，事之序；先樂者，得后妃之心。作詩者叙其事，説詩者逆其心，其理然也。《關雎》樂而不淫，《豳》勤而不怨。季札以二《南》爲勤而不怨，以《豳》爲樂而不淫，何也？《關雎》樂而不淫，后妃之德而已，勤而不怨，則二《南》之事也；《豳》勤而不怨，則豳民之事而已，樂而不淫，則豳國之風也。

哀公問社於宰我。宰我對曰：「夏后氏以松，殷人以柏，周人以栗，曰使民戰栗。」子聞之曰：「成事不説，遂事不諫，既往不咎。」

民之所祈以遂其生者，社之神也；所治以致其利者，野之性也。❶觀野之所宜木，則糞土所宜，畿疆所定，林木所出，出於族類所從，易見爲難亂。教民稼穡，人事不戾乎神，土性不病乎物，觀其名社與野而符之是耳。故「夏后氏以松，殷人以柏，周人以栗」，其意如此，非若《詩》之柏舟、喬松，《禮》之贄栗所以託其意也。而宰予對哀公以「戰栗」解之，❷宰我之對失之遠矣。「成事不説，遂事不諫」，此孔子罪宰我之言也；「既往不咎」，此孔子恕宰我之言也。「成事不説」，言成哀公之事而不爲之説；「遂事不諫」，言遂哀公之

---

❶「野之性也」，上圖抄本作「墅之也，往則著見于采，復則在地土之性者」。四庫底本「野」作「墅」，館臣籤云「墅應改野」。

❷「宰予」，上圖抄本、四庫底本作「宰我」，四庫館臣圈改爲「宰予」，實一人也。

事而不爲之諫。使之闕疑而有問焉，是勿成之也；❶使之悟非而有改焉，是非遂之也。❷且宰我之言「社」猶仲憲之言「明器」也，曾子則非仲憲，孔子不咎宰我，何也？仲憲言於曾子，非既往者也；宰我言於哀公，則既往者也。后以言繼體者也，氏以言人歸之也。夏之所以有天下，得之於君；商、周之所以有天下，得之於人。得之於君而嗣帝之位，則幾於天道，故曰「后」；得之於人而天下歸仁，故曰「人」。《詩》「皇皇后帝」，《書》「上天神后」，是天道之繼體者，謂之「后」。《禮記》、《孟子》皆曰：「仁者，人也。」是人道之全者謂之人。稱氏以明其嗣於上，不稱氏以明其興於下，❸此夏、商、周之別也。《春秋》或書「氏」，或書「人」，以其凡繼世者皆「氏」，凡微者皆「人」，❹其稱「氏」與夏「后」同，其稱「人」與商、周異。❺

子曰：「管仲之器小哉！」或曰：「管仲儉乎？」曰：「管氏有三歸，官事不攝，焉得儉？」「然則管仲知禮乎？」曰：「邦君樹塞門，管氏亦樹塞門。邦君爲兩君之好，有反坫，管氏亦有反坫。管氏而知禮，孰不知禮？」

---

❶「勿」，上圖抄本作「弗」。

❷「非」，上圖抄本作「弗」。

❸「興」，上圖抄本、四庫底本作「典」，館臣籤云「典應改興」。

❹「人」下，上圖抄本有「也」字。

❺「異」，上圖抄本、四庫底本作「同」，館臣李駿籤云：「商、周從微而興，稱人正與《春秋》同。」又籤云：「商、周稱人非微之也，與《春秋》稱人異。應改異字。」

管仲於内則三歸，❶於外則具官，盈禮也，非所謂儉；塞門以自蔽，反坫以禮賓，僭禮也，非所謂知禮：此所以爲小器也。蓋形而上者謂之道，形而下者謂之器。老子言「大方無隅」，而繼之以「大器晚成」，則「方」者道德之所在，「器」者功業之所寓也。大人之功業則大，賢人之功業則小焉而已。❷仲尼託迹於諸侯，以規矩準繩自用，此自治以治人，❸正己而物正者也，故謂之「大器」。范氏曰「器博者無近用，道長者其功遠」是也。管仲不自治而治人，不自正而正物，烏得爲大器哉！孟子曰「功烈如彼其卑」是也。魯之施伯以管仲爲天下之大器，❹管仲之器對魯臣而言則大，對大人而言則小也。《禮記》、《家語》以大夫具官爲僭，❺豈讀《論語》而誤爲之説乎？子曰「中庸之爲德，民鮮能久矣」，《禮記》則以爲不能期月守；子曰「人而無恒，❻不可以作巫醫」，《禮記》則以爲「龜筮猶不能知」也：其誤亦若此歟！

子語魯大師樂，曰：「樂其可知也：始作，翕如也；從之，純如也，皦如也，繹如也，以成。」

凡樂之作，始於一而成於三。至於繹如也，謂之一成；反翕如也，謂之一變。凡樂之用，始於一而止於

---

❶「仲」，上圖抄本作「氏」。
❷「則」下，上圖抄本有「可大下於賢人則」七字。
❸「以」，上圖抄本作「而」。
❹「器」下，上圖抄本有「者」字。
❺「僭」下，上圖抄本有「者」字。
❻「恒」，上圖抄本避諱作「常」。

九，以致鬼神，以和邦國，以諧萬民，以安賓客，以悅遠人，以作動物。不能「翕如也」以作，「繹如也」以成，則夫遠近幽深，其孰能感之哉！ 學者不至於從，則不足以語道；作樂不至於從，則不足以語樂。繹如也以成，不至於從，作樂而至於從者也；所欲不踰矩，不至於從，學道而至於從者也。樂之作也，其患在於不相通協，值不相通，值不相協，應而翕如也，相協而不睽，相值而不失。❶ 樂之從也，其患在於雜而不純，混而不明，❷而純皦如也則不亂，顧不美哉！ 及夫世衰樂壞，工師之徒或去而不存於朝，或存而不知乎樂。摯適齊，干適楚，❸去而不存於朝者也；孔子之所語者，存而不知乎樂者也。始言「翕如」而終言「繹如」者若此，亦樂之粗而已。若夫奏之以人，合之以天，其卒無尾，其始無首，則始作「翕如」不足言也；奏之以陰陽之和，燭之以日月之明，鬼神守其幽，星辰行其紀，則從之「純如」、「皦如」不足言也；奏之以無忌之聲，調之以自然之命，動於無方，居於窈冥，則「繹如」不足言也。孔子之語太師不及是者，以車馬不可以載鼷，鐘鼓不可以樂鶢故也。

儀封人請見，曰：「君子之至於斯也，吾未嘗不得見也。」從者見之。出曰：「二三子何患於喪乎？天下之無道也久矣，天將以夫子爲木鐸。」

---

❶「不」下，上圖抄本有「相」字。

❷「混」，上圖抄本作「紛」。

❸「干」上，上圖抄本有「亞飯」二字。

世無以興乎道，道無以興乎世，故道之衰也，斯足患今也。世雖無以興乎道，而夫子之道足以興乎世，故其衰也不足患。木鐸金口而木舌，金口則義，木舌則仁，❶天將以夫子爲木鐸，使之狥仁義之教於天下而已。蓋五百年必有王者興，其間必有名世者，由文王至孔子五百餘歲，以其數則合矣，考其時則可矣，此儀封人所以言二三子無患於喪也。❷彼不知孔子，而謂知其不可爲而爲之者，其可以語此哉！然儀封人之知孔子者，❸外也；黨人之知孔子者，❹内也。外也，故可以爲木鐸；内也，故無所成名。

子謂《韶》：「盡美矣，又盡善也。」謂《武》：「盡美矣，未盡善也。」

天下無異道，有異時；聖人無異心，有異迹。故《禮》以堯、舜授受，湯、武征伐爲時，《春秋傳》以揖遜征誅，其義一也。然則《韶》盡美而《武》獨未盡善，豈非美者在心與道，未盡善者在時與迹歟？蓋充實之爲美，可欲之謂善。武王之於紂，欲遂其爲臣而不得，逃其爲君而不能，則其順民心、行天罰者，豈所欲哉！觀賓牟賈以聲淫及商，❺爲非《武》者，則《武》之非欲從此可知矣。然樂者，道之聲則有美與善，道之至則

❶「舌」，四庫底本作「鐸」，纂修盧遂籤云「鐸字應改舌字，今改」。
❷「儀」，原無，據上圖抄本補。
❸「儀」，原無，據上圖抄本補。
❹「黨」上，上圖抄本有「達巷」二字。
❺「牟」，上圖抄本、四庫底本作「弁」，館臣籤云「弁應改牟」。

無美與善，故莊子有曰：❶「天下皆知美之爲美，斯惡矣。皆知善之爲美，斯不善矣。」

子曰：「居上不寬，爲禮不敬，臨喪不哀，吾何以觀之哉？」

居上者與其猛有餘而寬不足，不若猛不足而寬有餘；爲禮與其文有餘而敬不足，不若文不足而敬有餘；臨喪與其禮有餘而哀不足，不若禮不足而哀有餘。居上寬，臨喪哀，仁也；爲禮敬，義也。君子之道，仁義而已。仁義者，人之所觀也，反此則吾何以觀之哉！❷

里仁第四

子曰：「里仁爲美。擇不處仁，焉得知？」

仁人之於里，猶玉之於山，珠之於淵。玉在山，則木潤；珠生淵，則厓不枯。則里之有仁，猶當知以爲美，❸里之有仁以爲美，則自擇而不知處仁者，焉得爲智乎？此孟子所以言「術不可不慎」，繼之以「莫之禦而不仁，是不智也」。是是非非之謂智，非是是非之謂愚，不知仁之美而不能利仁，其何以安哉！不曰

---

❶「莊子」，案當爲「老子」。

❷ 此段解文原無，據上圖抄本補。

❸「猶」，上圖抄本作「亦」。

「爲仁」而曰「處仁」者，以仁者人之安宅也，天下之廣居故也。然則孔子言「里仁爲美」，以外況内也；孟子言「矢人」，❶以小況大也。

子曰：「不仁者不可以久處約，不可以長處樂。

仁者，不充詘於富貴，故處樂如處約；不隕獲於貧賤，故處約如處樂。不仁者，非不可以處約，不可以久處約；非不可以處樂，不可以長處樂。孔子曰：「君子而不仁者有矣夫？未有小人而仁者也。」則不仁雖不足爲君子，亦未至於小人。《禮》曰：「小人窮斯濫，富斯驕。」則「窮斯濫」，非特「不可以久處約」也；「富斯驕」，非特「不可以長處樂」也。老子言「天長地久」，❷言「長生久視」，是長者必久，久不必長也。蓋處樂，人之所易，故言長；處約，人之所難，故言久。《易》言「何可長，何可久」，亦以長甚於久也。

「仁者安仁，知者利仁。」

仁者盡性而静，故安仁；知者窮理而動，故利仁。然窮理而不已，則至於盡性；利仁而不已，則至於安仁。此《中庸》所以言：「或安而行之，或利而行之，或勉强而行之，及其成功，一也。」坤卦始於利貞，終於安貞，利仁與利貞同意。莫非安仁也，有聖人之安仁，有君子之安仁。堯之安仁，聖人之安仁也；仲山甫之安仁，君子之安仁也。孔子曰：「生而知之者，上也；學而知之者，次也；困而學之，又其次也。」蓋上者安

---

❶「人」下，上圖抄本有「函人」二字。

❷「老子」，上圖抄本、四庫底本作「君子」，館臣籤云「知有訛。李駿」。

仁，次者利仁，又其次者强仁，於此不及强仁者，其言主於仁、知故也。

子曰：「惟仁者能好人，能惡人。」

道無喜怒，而喜怒者道之過；德無好惡，而好惡者德之失。失德而後仁，則仁者不離好惡而能好惡者也。蓋仁者誠足以盡性，明足以盡理，❶不牽於憎愛之私，不惑於是非之似。故所好非作好，而天下之所同是；所惡非作惡，而天下之所同非，此所謂「無欲而好仁，無畏而惡不仁」也。黄帝之伐蚩尤任力牧，舜之命九官去四凶，不過如此。彼愛之欲其生，惡之欲其死，以至好人所惡、惡人所好，不仁可知也。

子曰：「苟志於仁矣，無惡也。」

「苟志於仁」則未足乎仁，「無惡」則可以爲善。苟志於仁者，其善可知也。蓋可欲之謂善，可惡之謂惡，所謂無惡者以其雖有過失，不在所可惡也。衛宣公之二子相争而死，不足以爲孝，而《詩》以爲不瑕；秦之三臣殉葬於君，不足以爲忠，而《詩》以爲良人。以其「苟志於仁，無惡也」，故曰：「雖歸於惡，志善則有。」

子曰：「富與貴，是人之所欲也，不以其道得之，不處也。貧與賤，是人之所惡也，不以其道得之，不去也。

富與貴，人之所欲，不以君子之道得之則不處，以其有義也；貧與賤，人之所惡，不以小人之道得之則不去，以其有命也。君子有可以得富貴之道，以非得富貴之道而得之，君子不以爲榮；小人有可以得貧賤之道，以非得貧賤之道而得之，君子不以爲辱。故非其義，禄之以天下而伊尹不顧；非其功，位之以三旌

❶「盡」，上圖抄本作「窮」。

而屠羊不受。簞瓢陋巷，不足以病顔回；❶桑樞甕牖，不足以病原思。❷凡此「富貴不能淫，貧賤不能移」者也。彼以隋珠而彈雀、舍靈龜而觀朵頤者，豈足以知此哉！❸

「君子去仁，惡乎成名？

莊子曰：「不義則不生，不仁則不成。」不成者，實不成於内，名不成於外也。❹蓋名之非實，君子之所耻；没世不稱，君子之所疾，❺此所以處仁而不去也。成名，則君子之事；無所成名，則是小人之事。

「君子無終食之間違仁，造次必於是，顛沛必於是。」

人之情於行事之迹，終食造次，或忽於爲仁，後顛前沛，或不暇於爲仁。君子則不然，「無終食之間違仁，造次必於是，顛沛必於是」，以其有終身之由，而無須臾之離也。孔子之語顔回以「非禮勿視，非禮勿聽，非禮勿言，非禮勿動」爲仁，則造次、顛沛必是者，言、視、聽、動無非禮故也。然則終食不違，食之有祭是也；「顛沛必於是」，林回棄璧，❻負赤子而趨是也。

---

❶「病」，上圖抄本作「憂」。

❷「原思」，上圖抄本作「原憲」。

❸「足以」，上圖抄本無此二字。

❹「也」上，上圖抄本有「故」字。

❺「君」上，上圖抄本有「亦」字。

❻「璧」上，上圖抄本有「千金之」三字。

子曰：「我未見好仁者，惡不仁者。好仁者，無以尚之；惡不仁者，其爲仁矣，不使不仁者加乎其身。有能一日用其力於仁矣乎？我未見力不足者。蓋有之矣，我未之見也。」

見善如不及，好仁者也；見不善如探湯，惡不仁者也。好仁者，不求尚人而人無以尚之；惡不仁者，不使加我以横逆而已。時人未能如此，子故曰「我未之見」，所以傷之也。又曰「有能一日用其力」，所以勉之也。孟子曰：「五穀者種之美者也。苟爲不熟，不如荑稗。」然則一日爲仁，其能熟乎？善誘之而已。

子曰：「人之過也，各於其黨。觀過，斯知仁矣。」

君子之黨，顯黨也；小人之黨，幽黨也。君子之過，過於厚；小人之過，過於薄。過於厚則易辭，過於薄則難辭。觀過，各於其黨，則不以君子之過責小人，不以小人之過待君子，然後仁不仁可知也。然必觀過然後知仁者，與人同功，其仁未可知；與人同過，然後其仁可知也。❶言「知仁」不言「知不仁」者，君子樂道人之善，惡言人之惡，患不知不仁故也。其言毁譽，而終之以「如有所譽」，言君子、小人，而終之以「温而厲」。《詩》之《瞻彼洛矣》言賞善罰惡，而終之以「福禄」，其立言之意，似與此同。❷

子曰：「朝聞道，夕死可矣。」

不原始，不足以知生之説；不反終，不足以知死之説。學者期於知生死之説而已，故曰：「朝聞道，夕死可

❶「也」上，上圖抄本有「故」字。

❷「其立言之意似與此同」，上圖抄本作「與此同意」。

矣。」蓋道非獨以善吾生，亦將以善吾死。君子得道，於己則知古今爲一時，生死爲一貫，又安往而不適哉！古人有言「德人無累，知命不憂」，又曰「學不羨久生」者，此也。孔子之門人若子貢之願有所息，子路之問死，皆不知生者也。不知生則不可以知死，豈所問者哉？❶老子曰「聽之不聞名曰希」，莊子曰「道不可聞，聞而非也」，此言聞道者以其非彼聞也，自聞而已矣。莊子嘗曰「道不可致，德不可致」，又曰「致道忘有心」，「足者至於丘」，❷其言各有所當也。

子曰：「士志於道，而恥惡衣惡食者，未足與議也。」

衣之所飾者外也，食之所養者小也。❸君子所飾在内不在外，❹所養在大不在小。食飲簞瓢不足以憂舜、回，鶉衣緼袍不足以恥由、夏。食無求飽，孔子之謂好學；服美於人，康王期之以惡終。❺夫豈溺於口腹之末而易吾之志哉！❻蓋君子仁義飽於内，不願人之膏粱；令聞廣譽施諸身，不願人之文繡。以惡衣食

---

❶「所」下，上圖抄本有「謂」字。
❷「於丘其言」，原無，據上圖抄本補。
❸「小」，四庫底本作「安」，館臣籤云「安字以文義推之當作小」。
❹「飾」，上圖抄本、四庫底本作「飭」，館臣籤云「飭應改飾」。
❺「康王」，四庫底本、上圖抄本作「康子」，館臣籤云「康子應改康王」。
❻「志」上，上圖抄本有「所」字。

爲恥者，豈足與議此哉！蓋命厚而德薄，❶衣食雖美，❷不足以自矜；德厚而命薄，衣食雖惡，不足以自愧也。《周官》以本俗安萬民而曰「孅宫室」、❸「同衣服」，蓋《周官》所言者民，而此所論者士也。

子曰：「君子之於天下也，無適也，無莫也，義之與比。」

人之交也，以勢則易絶，以利則易散，以故則或失其爲故，以親則或失其爲親。故君子之於人，原以探其所爲於卜筮，以占其所爲於元永貞，是則比之，非則違之，無可也，無不可也，唯義所在而已。《易·比》之初六，以陰比陽，而有不自失之吉；六三，以陰比陰，而有匪人之傷。商好與勝己者處，孔子期之以日進；賜好與不勝己者處，孔子期之以日退：❹以其所比義與不義故也。《傳》曰：「善雖不吾與，吾將强而納；不善雖不吾惡，吾將强而去。」

子曰：「君子懷德，小人懷土；君子懷刑，小人懷惠。」

有德以善俗，有刑以逐惡，君子樂得其道，故懷之；土則利我者也，惠則施我者也，小人樂得其欲，故懷之。治莫尚於德，而刑次之；利莫大於土，而惠次之。故先懷德後懷刑，先懷土後懷惠。

---

❶「命厚而德薄」，上圖抄本作「厚於命而薄於德」。

❷「衣食雖美」，上圖抄本作「雖美衣食」。下「衣食雖惡」仿此。

❸「孅」，上圖抄本、四庫底本作「微」，館臣籤云「微應改孅」。

❹「退」，原作「損」，四庫底本作「進」，館臣籤云「進應改退」，而抄手誤改爲「損」，據上圖抄本和館臣意見改正。

子曰：「放於利而行，多怨。」

利者，外物也。求在我，所以寡欲也；❶求在外，所以多怨也。所謂「多怨」者，不怨己，多怨乎人，人亦怨乎己。

子曰：「能以禮讓爲國乎？何有？不能以禮讓爲國，如禮何？」

遜以禮爲本，禮以遜爲用。《孝經》曰：「先之以敬勝而民不争，道之以禮讓而民和睦，此禮遜爲國之先務也。」《禮》曰：「禮之正國，猶繩墨規矩。」又曰：「爲國不以禮，猶無耜而耕。」《春秋》以禮爲國之幹，❷荀卿以禮爲國之命，❸以「禮之所興，衆之所治；禮之所廢，衆之所亂」故也。方周之興，賤者猶遜路，季女猶循禮；及其衰也，貴者則鞠躍，而孟姜則犯禮。由是觀之，爲國以禮遜，其可已乎？《傳》曰：「世之治也，君子尚能而遜其下，小人農力以事其上，❹是以上下有禮，而讒慝黜遠，由不争也，謂之懿德。及其亂也，君子稱其功以加小人，小人伐其技以憑君子，是以上下無禮，亂患並生，❺由争善也，謂之昏德。」孔子之言，

---

❶「欲」，上圖抄本、四庫底本作「怨」，館臣籤云「怨應改欲」。

❷「國之」，原無，據上圖抄本補。

❸「禮」，原脱，據上圖抄本補。

❹「農力」，上圖抄本、四庫底本作「力農」，爲館臣所改。

❺「患」，上圖抄本作「虐」。

惟其救昏德之弊而已矣。❶

子曰：「不患無位，患所以立。不患莫己知，求爲可知也。」

求之有道，得之有命，求在外者也；求則得之，舍則失之，求在我者也。在外者不可必，在我者可必，此所以「不患無位，患所以立」也。夫聲無遠而不聞，行無隱而不形，有車者必見其軾，有衣者必見其敝，則有可知之道而人有不知者乎？此所以「不患莫己知，求爲可知也」。莊子曰「行修於内者，無位而不怍」，❷不患無位之謂也。孟子曰「人知之亦囂囂，人不知亦囂囂」，不患莫己知也。彼未得而患得，既得而患失，與内不足而急於人知，蓋反是矣。然無位則莫己知也，❸莫己用則不必莫己知，莫己知者必莫己用，故先言「不患無位」而繼之以「不患莫己知」也。莊子有言曰「德成之謂士」，所以「立」者，「德成」之謂歟！

子曰：「參乎！吾道一以貫之。」曾子曰：「唯。」子出，門人問曰：「何謂也？」曾子曰：「夫子之道，忠恕而已矣。」

盡己之謂忠，盡物之謂恕。忠所以進德，而德不止於忠；恕所以求仁，而仁不止於恕。則忠恕者以之爲道，則違道不遠；以之爲非道，則非違道不遠。語之以聖人之妙則未也。孔子之道無不該也，無不徧也，

❶「惟其」，上圖抄本作「蓋」。「矣」，上圖抄本無此字。

❷「怍」，四庫底本、上圖抄本作「作」，館臣李駿籤云「不怍原本訛作，今改」。

❸「知」，上圖抄本作「用」。

仁者見之謂之仁，智者見之謂之智，曾子謂「夫子之道，忠恕而已」，其所見者然也。由此推之，❶則子貢言「夫子温、良、恭、儉、讓」，亦若是矣。

子曰：「君子喻於義，小人喻於利。」

君子從其大體而樂得其道，其見聞服習無非義也，❷故曰「喻於義」；小人從其小體而樂得其欲，其見聞服習無非利也，故曰「喻於利」。揚子曰「衆人曰富貴，夫子曰義」，此之謂也。喻於義者利存於中，❸喻於利者害在於中，❹此君子所以兩得而小人所以兩失也。雖然，先王之時，以義爲利，能使小人爲君子，故《詩》曰「肅肅兔罝，施于中林」；世俗日衰，則以利勝義，使君子爲小人，❺故《詩》曰「如賈三倍，君子是識」。

子曰：「見賢思齊焉，見不賢而内自省也。」

---

❶「由此推之則」，上圖抄本無此五字。

❷「無」，上圖抄本作「莫」。下「無」字同。

❸下「於」字，上圖抄本作「其」。

❹下「於」字，上圖抄本作「其」。

❺「使」上，上圖抄本有「反」字。

思所以求諸身，❶省所以察諸己。「見賢思齊」，則能勉其所不能；❷「見不賢而内自省」，則能免其所不善。❸孔子曰：「三人行，必有我師焉。擇其善者而從之，其不善者而改之。」《禮》曰：「之其所畏敬而辟焉，之其所哀矜而辟焉。」荀卿曰：「見善修然必以自存，見不善愀然必以自省。」皆此意也。孟子曰「舜爲法於天下，可傳於後世，我猶未免爲鄉人，是則可憂」，此「見賢思齊」者也。子貢曰「紂之不善，不如是之甚，是以君子惡居下流」，是「見不賢而内自省」者也。

子曰：「事父母幾諫，見志不從，又敬不違，勞而不怨。」

「幾諫」，無犯也。「又敬不違」，勿逆也。「勞而不怨」，勿怠也。《記》曰：「從命不忿，微諫不倦，❹勞而不怨，可謂孝矣。」與此同義。蓋諫者，義也；幾諫者，仁也。臣之於君，猶貴於諷諫，則子之於親，其可以不幾諫乎？然幾諫不從，則至於孰諫；孰諫不從，則至於號泣而隨之。幾諫者，人子之心；孰諫者，人子之所不得已。此孔子所以特言「幾諫」也。舜之怨，君子所以爲大孝；《小弁》之怨，君子以爲親親。蓋孝子非怨也，非不怨也，不失其爲孝而已。孔子則曰「勞而不怨」者，以勞而怨非若舜與《小弁》之怨可比故也。

---

❶「身」，上圖抄本作「心」。

❷「勉」，四庫底本作「免」，館臣籤云「免應改勉，宜從原本作勉字」。

❸「免」，上圖抄本作「去」。

❹「不倦」，原無，爲館臣所補。

子曰：「父母在，不遠遊，遊必有方。」

《傳》曰「孝子曾參不一宿於外」，❶此所謂「不遠遊」也。《禮》曰「所遊必有常，❷親老出不易方」，此所謂「遊必有方」也。然肇車牛、遠服賈，❸用孝，但遊必有方，雖遠無害也。

子曰：「三年無改於父之道，可謂孝矣。」

所謂道者，非謂無道也，猶可遵行也。蓋父時事雖可遵行，而時有當改者。❹今父喪尚在三年之内，於時雖當改，而於心有不忍改，❺亦孝也。

子曰：「父母之年，不可不知也。一則以喜，一則以懼。」

人子之於親也，生而事之之日，喜與懼半；死而祭之之日，哀與樂半。李謹曰：「願爲人兄而不願爲人弟，❻爲人兄者事親之日長，爲人弟者事親之日短。」孝子之心，大抵然也，此孝子之所以愛日也。

子曰：「古者言之不出，恥躬之不逮也。」

---

❶「孝子曾參不一宿於外」，上圖抄本作「孝如曾參義不離其親一宿於外」。

❷「遊」下，上圖抄本、四庫底本有「者」字，館臣籤云「者字多，應删」。

❸「服」，原無，據上圖抄本及《尚書·酒誥》補。

❹「時有當改者」，上圖抄本作「時當改者有矣」。

❺「於心有不忍改」，上圖抄本作「猶不忍改」。

❻「願爲人兄」上，上圖抄本有「爲人子者」四字。

子曰：「以約失之者鮮矣。」

聖人縱口之所言，横意之所行，則無事於約。賢者必思而後言，必擇而後動，不可以不約。❶故「多聞闕疑，慎言其餘，則寡尤；多見闕殆，慎行其餘，則寡悔」，此所謂「以約失之者鮮矣」。《禮》曰：「君子約言。」孟子曰：「孟施舍不如曾子之守約。」孔子曰：「言不務多，必審其所謂；行不務多，必審其所爲。」周廟銘曰：「無多言，多言多敗；無多事，多事多患。」皆約之謂也。「言寡尤，行寡悔」，又言「失之者鮮」，蓋寡者必無之辭，鮮者未必無也。

子曰：「君子欲訥於言而敏於行。」

「雍也仁而不佞」，此所謂「訥於言而敏於行」者。若石奮、石建、周仁、張叔則幾之而已，班固之言過矣。

子曰：「德不孤，必有鄰。」

古人有言曰「罷士無伍」，❷又曰「善則有鄰」，則無德者孤，有德者不孤也。《易》曰「敬義立而德不孤」，蓋敬以禮人，義以宜人，禮人者人必禮之，宜人者人必宜之，此德所以不孤也。《比》卦言：「有孚盈缶，終來有它，吉。」《中孚》言：「鳴鶴在陰，其子和之。」荀卿曰：「木蔭則鳥息，醯酸則蚋聚。」此「德不孤，必有鄰」

❶「約」，上圖抄本作「訥」，下有「約則慎之而不出於券內」十字。

❷「人」，上圖抄本、四庫底本作「之」，館臣籤云「古之應改古人」。

之謂也。古之有德，❶其上足以格皇天而皇天輔之，其幽足以通神明而神明享之，而况於人乎？此舜所以三徙成都，大王之去邠，民歸之如市也，雖然，此特德而已。若夫道則不可得而親，亦不可得而疏，❷則使人無保矣。

子游曰：「事君數，斯辱矣；朋友數，斯疏矣。」

疏失人，辱失己。❸故事君不欲數，數則諂；❹朋友不欲數，數則瀆。疑於諂者，將以致忠而招辱；疑於瀆者，將以致親而適疏。此孔子所以言「以道事君，不可則止」，「忠告善道，❺無自辱焉」。《禮》曰「事君量而後入」，則不數可知矣。❻

❶「德」下，上圖抄本有「者」字。

❷「亦」，上圖抄本無此字。

❸「辱」，上圖抄本、四庫底本作「數」，館臣籤云「數失己，數宜改辱」。

❹「則」下，上圖抄本有「疑於」二字。下「則」字下同。

❺「告」下，上圖抄本有「而」字。「道」下，上圖抄本有「之」字。

❻「則」上，上圖抄本有「事其君」三字。

論語全解卷三

公冶長第五

子謂公冶長，「可妻也。雖在縲絏之中，非其罪也」。以其子妻之。子謂南容，「邦有道，不廢；邦無道，免於刑戮」。以其兄之子妻之。

公冶長能爲不可罪之行，而不能必免於縲絏；南容有保身之明，而能必免於刑戮，其賢固有間矣。孔子以己子妻長，以兄子妻容，處己子可薄，處兄子不可不厚也。孔子於疾病不禱，周公於君之疾則金縢；❶孝子於己則含菽緼絮，於親則致滋美，其意亦若是也。《傳》曰「君子爲己不重，爲人不輕」，爲人且不輕，況於君親乎？ 聖人之妻人，不必求其才德之備，要其修身慎行不累其妻孥可也，故於公冶長言「雖在縲絏之中」，❷於南容言「邦無道，免於刑戮」。《家語》曰：「公冶長能忍恥，南容世清不廢，世濁不汙。」

---

❶「君」下，上圖抄本、四庫底本衍「子」字，館臣籤云「君子之疾，子字應删」。

❷「中」下，上圖抄本有「非其罪」三字。

子謂子賤，「君子哉若人！　魯無君子者，斯焉取斯？」

「蓬生麻中，不扶自直；白沙在涅，不染自黑。」此不齊在魯，所以取君子之名也，故曰：「魯無君子，斯焉取斯？」不齊於君子，有以父事者，有以兄事者，有以友事者，❶此其所以取君子之名也。《家語》言不齊之事，「其學益明，骨肉益親，朋友益篤」，孔子嘿然謂之君子者，此也。孔子曰「君子吾不得而見」，又言「魯有君子」，與孟子所謂「春秋無義戰，彼善於此」同意。❷

子貢問曰：「賜也何如？」子曰：「女，器也。」曰：「何器也？」曰：「瑚璉也。」

《禮》曰：「夏后氏四璉，商六瑚，朝廷之器也。」君子不器而子貢謂之瑚璉，則不免於器也。不免於器而猶爲器之珍者，方之君子則不足，比之衆人則有餘。然則不爲人之所器者而後能器人，爲人之所器而器人，則非人之所宜，故子貢方人，孔子非之。

或曰：「雍也仁而不佞。」子曰：「焉用佞？禦人以口給，屢憎於人。不知其仁，焉用佞？」

訥則近仁，巧言則鮮仁，給則奪仁。故顏子之如愚，冉雍之不佞，孔子以爲仁；宰予之言語，公西華之可與賓客言，孔子不以爲仁。蓋仁者愛人，愛人者常愛於人，禦人以口給，屢憎於人，則不仁可知矣。孔子謂雍可使南面爲人君，止於仁故也。

---

❶ 「者」下，上圖抄本有「有以稟度者」五字。

❷ 「此」下，上圖抄本有「者」字。

子使漆雕開仕。對曰：「吾斯之未能信。」子說。

聞學而後爲政，未聞以政學者也。在《易·晉》之六三若衆允悔亡，初六言亢升，以言君子之學至於信，然後仕也。故樂正子信而後仕，孟子喜之；雕開未能信而不仕，孔子説之。雕開未能信而孔子使之仕者，以其可以仕而已，若夫盡仕之道則求也。❶

子曰：「道不行，乘桴浮於海。從我者其由與？」子路聞之喜。子曰：「由也，好勇過我，無所取材。」

孔子於天下，環車接淅，席不暇煖；於南子、陽貨則見；於佛肸、公山則欲往，嘗謂：「苟有用我者，三年有成。如有用我者，吾其爲東周乎？」則其汲汲於行道，不爲不至矣！然所歷者七十二君，一君無所任用，以至伐木于宋，削迹于衛，圍于陳、蔡，欲避世也，不可得矣，於是有欲居夷浮海之説。❷子路不知乎此，而欲勇於必行，❸故曰「好勇過我，無所取材」，以其能勇而不能怯，非所以爲成材也。鼓方叔入於河，播鼗武入於漢，少師陽、擊磬襄入於海，范蠡之泛湖，管寧之浮海，亦乘桴之意也。

孟武伯問：「子路仁乎？」子曰：「不知也。」又問。子曰：「由也，千乘之國，可使治其賦也，不知其仁也。」「求也何如？」子曰：「求也，千室之邑，百乘之家，可使爲之宰也，不知其仁也。」「赤也何如？」子曰：「赤也，

---

❶ 此段解文原無，據上圖抄本補。

❷ 「居夷浮海」，上圖抄本作「居九夷乘桴浮於海」。

❸ 「欲」，上圖抄本無此字。

束帶立於朝，可使與賓客言也，不知其仁也。」

顏淵、冉雍得聖人之具體者也，具體則爲聖人而足以名仁，故孔子與之仁。由、求與赤得聖人之一體者也，一體則非成人而不足以名仁，故孔子曰「不知其仁」。有曰：「未知，焉得仁者？」聖人知其爲仁也，不欲以不仁名之，故曰「不知其仁」。未知其爲仁也，特聞其忠清而已，故曰：「未知，焉得仁？」由於千乘之國，可使治其賦也，則大夫而已；求於千室之邑、百乘之家，可使爲之宰，則陪臣而已。然則千乘之國，由也爲之，可使有勇；方六七十、如五六十，求也爲之，可使足民，則皆諸侯之事。與此不同者，三子所言者志也，孔子所論者材也。

子謂子貢曰：「女與回也孰愈？」對曰：「賜也何敢望回？回也聞一以知十，賜也聞一以知二。」子曰：「弗如也。吾與女弗如也。」

聖人後天地而生，知天地之始；先天地而死，❶知天地之終。故能以微知明，以一知萬，豈特聞一知十哉！蓋道之所在，有方有隅，有上有下。聞一知十者知方而已，此顏回所以下於聖人；聞一知二，則不過告往知來而已，此賜所以下於回也。賜雖下於回，與《詩》所謂「人知其一，莫知其它」，莊周所謂「識其一不識其二」者異矣。孔子嘗以賜爲士君子，以回爲明君子。蓋士則上達，故可以知二；❷明則殆於幾，

---

❶ 「死」，原作「成」，據上圖抄本改。

❷ 「二」下，四庫底本有「君子以回爲明君」七字，館臣籤云「君子以回爲明君，此句錯寫，應删」。

故可以知十也。聖人之與人，常與其自知而不與其自是，子貢不蔽於自是而知其弗如，故夫子與之。❶

宰予晝寢。子曰：「朽木不可雕也，糞土之牆不可杇也。於予與何誅？」子曰：「始吾於人也，聽其言而信其行；今吾於人也，聽其言而觀其行。於予與改是。」

良工能雕木，而不能雕既朽之木；杇者能杇牆，而不能杇糞土之牆；聖人能教人，而不能變不美之質。蓋質幹在於自然，❷華藻在於人事，所有不可耀，所無不可強，凡在因之而已，此宰予之寢，孔子所以不誅也。蓋宰予足於言而不足於行，故嘗欲短三年之喪，與田常之作亂。短喪則不仁，與亂則不智，則其質之不美可知矣。質之不美，雖不舍晝夜以學先王之道，孔子猶且不與，則晝寢之過，何所責哉！《春秋》責備賢者而略於不賢，亦此意也。孔子嘗曰：「吾以言取人，失之宰我；以貌取人，失之子羽。」故於宰予則改之，此所謂「於予與改是」也。且君子於人也，不逆詐，不億，不信，故「始吾於人，聽其言而信其行」，及宰予之不信，然後以決之疑焉，疑之所生，因彼而已。孔子之門人若求之自畫，賜之願息，其不能自勉，非特宰予而已。孔子於賜、求則教之，於宰予則何誅者，以其質不同，故也。《傳》曰：「皮之不存，毛將安傅？」

子曰：「吾未見剛者。」或對曰：「申棖。」子曰：「棖也慾，焉得剛？」

---

❶「之」，上圖抄本作「點與其潔，《春秋》之與晉，蓋同此乎」。

❷「於」，上圖抄本作「乎」。下同。

剛本乎性，慾出乎情，慾不能無求，不能無求則不能無撓也，故曰：「棖也慾，焉得剛？」君子之於慾也，寡之使不勝，窒之使不行，其固不爲物傾，其完不爲物虧，此老子所謂「自勝者强」，揚子所謂「勝私之克」者也，又奚適不剛哉！ 湯之奏勇，其來乃自於不邇聲色；❶文王之赫怒，其來乃自於無然歆羨。 子路之不求，所以能全勇之名；孟子之不動心，所以能全至剛之氣：此皆以直養而無害者也。 蓋慾之不行則難矣而未仁，剛之於仁則近矣而未至。 慾不行然後能剛，能剛然後近仁，則欲仁不可不剛，欲剛不可以有慾也。 然陽處父並植於晉，不可謂之無慾，而人以爲剛；趙文子生不交利，可謂之無慾，而人不以爲剛者：文子之剛也内，處父之剛也外，君子所貴，❷剛於内而已。

子貢曰：「我不欲人之加諸我也，吾亦欲無加諸人。」子曰：「賜也，非爾所及也。」

孔子曰「不使不仁者加乎其身」，所謂「我不欲人之加諸我」；又曰「己所不欲，勿施於人」，所謂「吾亦欲無加諸人」也。 君子以仁存心，以禮存心，仁者愛人，有禮者敬人，愛而且敬，則我無加諸人矣。 然横逆有時而至，亦所不免也。 蓋我無加諸人則易，人無加諸我則難，子貢不能匿人之過，其於是之易者猶或未能，况其難者乎？ 故曰：「非爾所及也。」

子貢曰：「夫子之文章，可得而聞也；夫子之言性與天道，不可得而聞也。」

---

❶「來」，上圖抄本作「率」。

❷「所貴」，上圖抄本作「可貴者」。

夫子之道，出而致廣大則爲文章，入而極高明則爲性與天道。子貢得其言，故於「文章可得而聞」，未得其所以言，故於「性與天道不可得而聞」。蓋性在我者也，未嘗不在天；天道在天者也，未嘗不在我。《禮》曰「天命之謂性」，是在我者，未嘗不在天也；孟子曰「聖人之於天道」，是在天者，未嘗不在我也。顏子殆庶幾者也，故於言無所不悦；子貢非殆庶幾者也，故於其言不可得聞。老子曰「上士聞道，勤而行之」，顏子是也；「中士聞道，若存若亡」，子貢是也。孟子之言性善，自其離於道言之；孔子之言性，自其渾於道言之。故孟子之言雖告子有所聞，孔子之言雖子貢有所不得聞。

子路有聞，未之能行，唯恐有聞。

君子有三患：未之聞，患不得聞；既聞之，患不得學；既學之，患不得行。子路勇於必行，其患又過於此，故「有聞，未行，❶唯恐有聞」，而行之不逮也。孔子於其無宿諾則美之，於其兼人則抑之，美之所以長其善，抑之所以救其失。

子貢問曰：「孔文子何以謂之文也？」子曰：「敏而好學，不恥下問，是以謂之文也。」

敬，文之恭也；忠，文之實也；信，文之孚也；義，文之制也；智，文之輿也；勇，文之帥也；教，文之施也；孝，文之本也；惠，文之慈也；讓，文之才也。文之所施不一，故古之爲謚者多謂之文。孔子謂「敏而好學」，所以聚之也；「不恥下問」，所以辨之也。好學則資諸己，下問則資諸人，此所以謂之文也。然此

❶ 「未行」，上圖抄本作「未之能行」。

可以爲文而已，其於文王、周公之文，固有間矣。

子謂子產，「有君子之道四焉：其行己也恭，其事上也敬，其養民也惠，其使民也義」。

子產遜不失禮，❶所謂「行己也恭」；事君無二心，❷苟利社稷，死生以之，所謂「事上也敬」；濟人以乘輿，殖民以田疇，所謂「養民也惠」；擇能使之，所謂「使民也義」。行己恭，然後移之於君則敬；養民惠，然後使民則義，得其序也。君子之道固多矣，子產有是四者而已，四者之中尤長於惠，故又命之以惠人。

子曰：「晏平仲善與人交，久而敬之。」

交，患於不久；久，患其不敬。晏平仲久而敬之，此所以爲賢大夫。觀平仲之與越石父交，延而賓之，❸久敬可知矣，此曾子所以言晏子可謂「知禮」。《詩》之「故舊不遺」，《周官》之「敬故」，皆「久而敬之」之謂也。彼耳、餘之凶終，蕭、朱之隙末，其於平仲之交不亦遠乎！此林回喻之以「甘醴」，桓譚譬之以「闐闐」，朱穆所以有「比周」之論，劉峻所以有「五交」之歎也。

子曰：「臧文仲居蔡，山節藻梲，何如其知也？」

---

❶「遜」上，上圖抄本有「禮於死者與夫」六字。

❷「君」下，上圖抄本有「忠厚而」三字。

❸「之」下，上圖抄本有「則其於交」四字。

冀多良馬，❶天下命良馬者因謂之驥；瀘水之黑，天下命黑者因謂之盧；❷蔡之出龜，天下命龜者皆謂之蔡。漆雕憑曰：「臧氏有守龜，曰蔡，文仲三年爲一兆。」臧氏之居蔡始於文仲故也。《禮》曰：「諸侯以龜爲寶，家不寶龜。」「山節藻棁」，文仲之居蔡，有僭於天子之廟飾，非所謂知，而夫子非之曰「何如其知也」。❸管仲山節藻棁，君子以爲濫，與此同也。古之作服者繪山於衣，所以象仁之静；繡藻於裳，所以象德之潔。侯伯之章猶不及山，大夫之章猶不及藻，又況可施於文仲之節棁乎？孔子於文仲言不知，於武仲言知，則文仲之於武仲固有間矣。顔淵問二者孰賢，子曰：「武仲賢哉！」

子張問曰：「令尹子文三仕爲令尹，無喜色；三已之，無愠色。舊令尹之政，必以告新令尹。何如？」子曰：「忠矣。」曰：「仁矣乎？」曰：「未知，焉得仁？」「崔子弑齊君，陳文子有馬十乘，棄而違之。至於他邦，則曰：『猶吾大夫崔子也。』違之。之一邦，則又曰：『猶吾大夫崔子也。』違之。何如？」子曰：「清矣。」曰：「仁矣乎？」曰：「未知，焉得仁？」

進退在君，不在己，故三仕三已，無喜愠之色，此忠於君者也。待人以誠不以欺，故舊政必告，❹此忠於人

---

❶「冀」，上圖抄本、四庫底本作「驥」，館臣籤云「驥應改冀」。

❷「盧」，上圖抄本、四庫底本作「瀘」，館臣籤云「謂之瀘，應改盧」。

❸「夫子」，上圖抄本、四庫底本作「時人」，館臣籤云「時人應改夫子」。

❹「舊」下，上圖抄本有「令尹之」三字。「告」下，上圖抄本有「新令尹」三字。

者也。不顧十乘之富，不恤大夫之位，無崔子之亂則就之，有崔子之亂則違之，此清其身者也。忠足以盡己，未足以成己；清足以避亂，未足以救亂。故皆曰：「未知，焉得仁？」比干之忠，伯夷之清，孔子皆以爲仁，何耶？比干之忠，所以戒萬世之爲君；伯夷之清，所以戒萬世之爲臣。其所忠、清與二子同，其所以忠、清與二子異。令尹子文之無喜愠蓋出於或使，公孫敖之無喜愠則出於自然。出於自然，猶孟子之言不動心也；出於或使，猶告子之不動心也。《傳》曰：「卿違，從大夫之位。」又曰：「凡諸侯之大夫違，告於諸侯。」蓋大夫去其位曰違。

季文子三思而後行。子聞之，曰：「再，斯可矣。」

文子於國則忠，於家則儉，其逐紀太子以不忠孝，責韓穿以非信義，❶內無衣帛之妾，外無食粟之馬，金玉非所藏，寶器非所重，魯君以爲社稷之臣而存亡之所係。則其所舉固寡過矣，然猶三思而後行，故孔子言「再，斯可矣」。古之人其謹身有至於三省，其慎言有至於三復，則三思而後行，不爲過矣。蓋有文子之質，再斯可矣；無文子之質，非三思則不可。孔子於三思則抑之，於率爾而對則責之，❷因人而爲之教也。文子嘗曰「備豫不虞」，三思可知矣。❸

---

❶「責」，上圖抄本、四庫底本作「事」，館臣改「責」。

❷「之」下，上圖抄本有「以不遜」三字。

❸「三」上，上圖抄本有「古之善教其」五字。

子曰：「甯武子，邦有道則知，邦無道則愚。其知可及也，其愚不可及也。」

君子之仕也，邦有道，其言足以興；邦無道，其默足以容。故《坤》之六三，居下卦之上則曰「知光大」，六四，居二陰之間則曰「括囊」；《卷阿》之仕則曰「來游來歌」；《抑》之章則曰「靡哲不愚」。武子，邦有道則知，無道則愚，蓋得諸此而過之者也；南容，邦有道不廢，邦無道免於刑戮而已；史魚，邦有道如矢，邦無道亦如矢而已；伯玉，邦有道則仕，邦無道則卷懷而已。子游曰：「吾友張也，爲難能也。」曾子曰：「孟莊子不改父之臣與父之政，爲難能也。」然則不可及者其難能之謂歟？顔子之如愚，甯武子之愚，有以異乎？曰：「如愚可也，不可及不可也。」「不可及」，非中道也，此顔、甯之愚所以不同。

子在陳，曰：「歸與！歸與！吾黨之小子狂簡，斐然成章，不知所以裁之。」

狂者，能爲而不能已，其成章也失之過；簡者，能略而不能詳，其成章也失之不及。孔子在陳，欲與中道者不可得，故思魯之狂簡者，裁之使歸於中也。《詩》言「有斐君子」，《記》言「且其斐色」，則斐者文之散也；東南爲文，西南爲章，則章者文之成也。此言「狂簡」，孟子言「狂狷」者，「簡」言其所學，「狷」言其所守。所守在行，故以「狷」言之；所學在言行，故以「簡」言之。

子曰：「伯夷、叔齊不念舊惡，怨是用希。」

求在外者不可必，故放於利而行，所以多怨；求諸己者可必，❶故求仁得仁，怨是用希。蓋仁人不藏怒，不

---

❶「己」，上圖抄本作「内」。

宿怨，則所謂舊惡者在彼而已，我何加損焉！此所以「不念」也。怨是用希，則不能無怨，又曰「何怨」者，以怨出於不怨，雖曰無怨可也。回不思舊怨，雍不録舊罪，孔子皆與之，亦「求仁得仁」之謂與？

子曰：「孰謂微生高直？或乞醯焉，乞諸其鄰而與之。」

君子之於天下，外不可失人以存己，內不可失己以爲人，與其失己以爲人，孰若不爲人以存己。高之乞醯，❶爲人可也，爲己則非直也。强無以爲有，非安命者也。今夫君子之於言，知則爲知，不知爲不知，內不以自誣，外不以欺人，言尚如此，况於行乎？此高之所以不足取也。《洪範》之「三德」「平康正直」，《皐陶》之「九德」「直而温」，《詩》曰「邦之司直」，《易》曰「直其正也」，孔子曰「人之生也直」，「三代直道而行」，孟子曰「不直則道不見」，道之所貴，直而已矣。

子曰：「巧言、令色、足恭，左丘明恥之，丘亦恥之。匿怨而友其人，左丘明恥之，丘亦恥之。」

巧言、令色、足恭，非務本者也，不足於仁；匿怨而友其人，非質直者也，不足於義：故「左丘明恥之，丘亦恥之」。聖人之於人有所異，亦有其所同，其得地而君之則與伯夷、伊尹同，用舍行藏則與顏回同，則其所恥與左丘明同也，宜矣。

顏淵、季路侍，子曰：「盍各言爾志？」子路曰：「願車馬衣輕裘與朋友共，敝之而無憾。」顏淵曰：「願無伐善，無施勞。」子路曰：「願聞子之志。」子曰：「老者安之，朋友信之，少者懷之。」

---

❶「高」上，上圖抄本有「微生」二字。

重財輕義，人之常情，子路願乘肥馬、衣輕裘與朋友共，敝之而無憾，義者之志也。謙則不伐善，愛則不施勞，顔回願無伐善，無施勞，仁者之志也。老幼安懷於己者，恕也；朋友信於己者，忠也。孔子言「老者安之，朋友信之，少者懷之」，聖人之志也。賢人之志則入而成己，聖人之志則出而成物。以輕裘肥馬敝而無憾，所以成己之義；伐善施勞之不爲，所以成己之仁。老幼之所安懷，朋友之所信，然後成物之道盡。充子路之義，然後至於顔子之仁；充顔子之仁，然後至於孔子之聖。蓋物足以累己，非學者之道也。❶言侍則先顔子，言志則先子路，豈子路之對亦率爾乎！

子曰：「已矣乎，吾未見能見其過而内自訟者也。」

陰陽有時而愆，日月有時而食，川谷有時而竭，天地之大猶且不免於過，況於人乎？要在改過而已。改過始於見過。不見其過而不知自訟者，君子所不責；見其過而不自訟者，君子必責之。蓋見其過而不自訟，非好學爲己者也。孔子之教，將無所施焉，故曰「已矣乎」。昔申徒嘉有曰：❷「自狀其過，以不當亡者衆；不狀其過，以不當存者寡。」則自狀者不知自訟，自訟者斯不自狀矣。

子曰：「十室之邑，必有忠信如丘者焉，不如丘之好學也。」

十步之内，必有茂草；十室之邑，必有忠信。忠信則德性能尊，尊德性而道問學，則廣大可致，高明可極，

---

❶ 「物足以累己，非學者之道也」，上圖抄本作「學者之道，常始於不以物累己，然後能以己成物也」。

❷ 「徒」，上圖抄本、四庫底本作「屠」，纂修盧遂籤云「屠改徒，據《莊子》改」。

其亦何所不至哉！ 時人之德性如孔子者，蓋有之矣，然不如孔子之好學，此所以愚益愚、聖益聖也。孔子嘗曰：「知之者不如好之者，好之者不如樂之者。」孔子固樂矣，而言好學何也？ 蓋好之者不必樂，樂之者必不不好，孔子於道則樂，於學則好，故曰「樂以忘憂」，又言「好古，敏以求之也」。 顏淵之好學而不改其樂，殆庶幾於此。

雍也第六

子曰：「雍也可使南面。」仲弓問子桑伯子。 子曰：「可也簡。」仲弓曰：「居敬而行簡，以臨其民，不亦可乎？居簡而行簡，無乃太簡乎？」子曰：「雍之言然。」

孔子於冉求則曰「百乘之家，可使爲之宰」，於子路則曰「千乘之國，可使治其賦」，於仲弓則「可使南面」，是冉求可以仕大夫而亦可以仕諸侯，子路可以仕諸侯而亦可以爲諸侯，仲弓可以爲諸侯矣，語之以王者之佐則未也，惟顏子可以當之。 仲弓問伯子，孔子答之以「其人可也，然失之簡」。 仲弓曰：「居敬而行簡以臨其民，不亦可乎？ 居簡而行簡，無乃太簡乎？」蓋人主執要則百事詳，❶叢脞則百事隳，則簡者先王之所尚也。 然內之所居者敬，外之所行者簡，則在下者有所從；內之所居者簡，外之所行者亦簡，則在下

❶ 「執」，上圖抄本、四庫底本作「好」，館臣籤云「好要應改執要」。

者無所從。子桑所爲無乃太簡，而孔子以雍之言爲然，則其行可使南面矣。在《易》之《坤》言「君子敬以直内」，繼之以「不習无不利」。敬以直内，居敬也；不習无不利，行簡也。春秋時有公孫子桑，意伯子即其人歟？❶

哀公問：「弟子孰爲好學？」孔子對曰：「有顔回者好學，不遷怒，不貳過，不幸短命死矣。今也則亡，未聞好學者也。」

思屬土，怒屬水，水可以勝土，故怒可以勝思。不遷怒，則犯而不校者也；不貳過，則知不善未嘗復行者也。蓋能懲忿，然後能不遷怒；能窒慾，然後能不貳過。不遷怒、不貳過則能修性矣，故孔子謂之好學。然不遷怒則所怒以類而已，❷未至於出怒不怒；不貳過則无祇悔而已，未至於敦復无悔，❸此所以止於「殆庶幾也」。列子之論死生則曰「由生而亡，不幸也」，揚子之論壽則曰「人以其仁」，顔子之短命雖曰不幸，然以其仁則無害其爲壽也。蓋不遷怒，不貳過，盡性也；不改其樂，知命也。顔子未至五十而知天命，蓋知命必以五十者，非若謂五十而猶不知天命則不可也。❹

---

❶「意伯子即其人歟」，上圖抄本作「然則子桑伯子，豈公孫子桑乎」。

❷「類」，上圖抄本、四庫底本作「頮」，館臣籤云「頮應改類」。

❸「敦」，上圖抄本、四庫底本作「孰」，館臣籤云「孰應改敦」。

❹「蓋知命必以」至「則不可也」，上圖抄本作「蓋知命不必五十，以謂五十不知命則不可也」。

子華使於齊，冉子爲其母請粟。子曰：「與之釜。」請益。曰：「與之庾。」冉子與之粟五秉。子曰：「赤之適齊也，乘肥馬，衣輕裘。吾聞之也：君子周急不繼富。」原思爲之宰，與之粟九百，辭。子曰：「毋，以與爾鄰里鄉黨乎！」

可以與，可以無與，無與可也，與傷惠；可以取，可以無取，無取可也，取傷廉。子華之富，非可多與也，多與則爲傷惠；原思之宰，非可無取也，取之則非，傷廉，此孔子所以不許冉有之請而止原思之辭也。昔人有歸四布，君子不以爲廉；有以賻布頒兄弟之貧者，君子以爲善。則不歸四布，義也；頒兄弟，❶仁也。孔子止思之辭，是亦仁義而已矣。

子謂仲弓曰：「犂牛之子騂且角，雖欲勿用，山川其舍諸？」

卿大夫之子不修禮義則歸之庶人，庶人之子非不賤也，能修禮義則可進爲大夫，然愚知貴賤其可以類言哉？故孔子謂仲弓曰：「犂牛之子騂且角。」大可以祀天，小可以祀廟，孔子獨以山川爲言者，❷蓋諸侯之禮得祭山川之在境内者，而仲弓之才可使南面，故以山川言之。《周官》陽祀用騂牲毛之，陰祀用黝牲毛之，❸陰祀、陽祀各以其色牲毛之，然山川之祀不特以騂，以騂，舉其盛者而已。

❶「兄弟」，上圖抄本作「諸貧者」。

❷「獨」，上圖抄本、四庫底本作「時」，館臣籤云「時應改獨」。

❸「黝」，上圖抄本無此字。四庫底本作「玄」，纂修盧遂籤云「按《周官》改」。

子曰：「回也，其心三月不違仁，其餘則日月至焉而已矣。」

仁在天則爲尊爵，在人則爲安宅，其爲器重而舉者莫能勝，其爲道遠而行者莫能至。以顔子之不違仁，猶不過三月而已，則夫人之爲仁不亦難乎！孔子之於回，蓋其所試者然也，其後告之以克己復禮，而請事斯語，則其不違也，蓋將終身焉，不特三月而已。「其餘則日月至焉」者，所謂不能期月守也。由、求之徒，孔子皆曰：「不知其仁。」以此而已。

季康子問：「仲由可使從政也與？」子曰：「由也果，於從政乎何有？」曰：「賜也可使從政也與？」曰：「賜也達，於從政乎何有？」曰：「求也可使從政也與？」曰：「求也藝，於從政乎何有？」

能勇而不能怯，果也；聞一知二，達也；可以足民，藝也。果幾於義，達與藝幾於智，爲政使人器之而已。故雖才之不備，而有可施於政者，皆所不棄也。然達而不果，不足以有行；果而不藝，不足以有能。三者雖不同，然皆可以從政，猶樝、梨、橘、柚其味相反而皆可於口，康子誠能兼用之，則魯國不亦庶幾乎！然此具臣而已，語以大臣之事則未也。三者之序，藝不及果，果不及達，此先果後達者，即康子所問而告之也。夫才者，言之實；言者，才之文。善於言語者必善於政事，善於政事者未必善於言語，❶則其政事可知矣。是亦不在政事之列，❷無害其可使從政也。

---

❶「未」，上圖抄本作「不」。

❷「列」，上圖抄本、四庫底本作「利」，館臣籤云「利應改列」。

季氏使閔子騫爲費宰。閔子騫曰：「善爲我辭焉！　如有復我者，則吾必在汶上矣。」

「邦有道，危言危行；邦無道，危行言孫」故也。「善雖不吾與，吾將强而爲；不善雖不吾惡，吾將强而去。」「如有復我者，則吾必在汶上矣」，强而去可也。❶《家語》有子騫爲費宰問政之事，則子騫爲費宰矣。蓋子騫不願爲費宰者，志也；終爲費宰者，不得已也。

伯牛有疾，子問之，自牖執其手，曰：「亡之，命矣夫！　斯人也而有斯疾也！　斯人也而有斯疾也！」

由生而生者，常也；❷由生而死者，不幸也；由死而生者，幸也。顔淵之死，孔子曰「不幸短命死矣」；伯牛有疾，孔子曰「亡之，命矣夫！　斯人也而有斯疾也」：皆以其由生而亡者也。揚子曰：「命，不可避者也。」顔氏之子、冉氏之孫以其無避也，此所謂順受其正也。《禮》曰：「始反而亡焉，失之矣。」則死與亡固不同，孔子於顔子曰「死」，於冉牛曰「亡」者，以死對亡則異，通言之則一也。「死矣」者，已然之辭；「亡之」者，未然之辭。

子曰：「賢哉，回也！　一簞食，一瓢飲，在陋巷，人不堪其憂，回也不改其樂。賢哉，回也！」

天下之所重，君子之所輕；天下之所憂，君子之所樂。故衣朱懷金，不能重顔子之輕；簞瓢陋巷，不能憂顔子之樂。此所以「明明在上，百官牛羊」，舜也；「闇闇在下，畎畝簞瓢」，亦舜也。然則回之樂，人樂也；

---

❶「可」，上圖抄本作「故」。

❷「常」，上圖抄本、四庫底本作「當」，館臣籤云「當應改常」。

子之樂以忘憂，天樂也。人樂者，能樂而樂也；天樂者，又無能樂也。始終言「賢哉，回也」，與《泰伯》篇「禹無間然」章、《易》「其唯聖人乎」皆兩稱之同意。❶

冉求曰：「非不説子之道，力不足也。」子曰：「力不足者，中道而廢。今女畫。」

志有餘而力不足，中道廢者也；力有餘而志不足，自畫者也。中道而廢者，君子之所惜；自畫者，君子之所惡。求之畫而自以爲力不足，則其不智甚矣。揚子曰：「百川學海而至於海，丘陵學山而不至於山。」❷則勤而不已者無所不至，惰而自畫者無所能至也。《書》曰：「爲山九仞，功虧一簣。」孟子言：「掘井九軔而不及泉，猶爲棄井。」皆自畫之謂也。

子謂子夏曰：「女爲君子儒！無爲小人儒！」

古之儒者，一而已矣。《周官》「儒以道得民」，則凡以非道得民者皆非儒也。後世澆漓，❸而道術將爲天下裂，於是有君子之儒，有小人之儒。君子之儒惟務本，小人之儒在趨末。子夏之爲己，止於文學，其爲人，止於洒埽應對進退，此趨末者也。故孔子戒之曰：「女爲君子儒，無爲小人儒。」荀卿言「有俗儒，有雅

❶ 「與泰伯篇」至「同意」，上圖抄本作「與《泰伯》篇兩稱『禹，吾無間然』、《易》兩稱『其惟聖人乎』、『天下何思何慮』同意」。

❷ 「不」，四庫底本原無，纂修盧遂籤云「添不字，據揚子《法言》」。

❸ 「澆漓」，上圖抄本作「澆淳散樸」。

儒，有大儒」，揚子又言「有真儒」。真儒以性言，大儒以業言，雅儒似君子，俗儒似小人。

子游爲武城宰。子曰：「女得人焉耳乎？」曰：「有澹臺滅明者，行不由徑，非公事未嘗至於偃之室也。」

以天下與人易，爲天下得人難。則賢者，百福之宗，神明之主，而爲政者其可以不得之乎？子賤之治單父，其於賢也，有以父事者，有以兄事者，有以友事者，❶而孔子歎美之，則子游爲宰而問之以得人，固其所也。滅明行不由徑，無邪也；非公不至，❷無私也。《羔羊》之正直，如是而已，此《家語》所以言滅明公正無私也。荀卿曰：「出於其門，入於公門；歸於其家，無有私事。」滅明之謂也。《傳》曰「滅明有君子之容，而不勝其貌」者，責賢者備故也。

子曰：「孟之反不伐，奔而殿，將入門，策其馬，曰：『非敢後也，馬不進也。』」

《書》於矜言能，於伐言功，能在内者也，功在外者也。自伐則喪厥功，自矜則喪其能。伐譬則賊也，矜譬則殘也，故《老子》於「自伐」言「無功」，「自矜」言「不長」而已。春秋之時，師敗而奔，惟恐其不全，❸在師而有功者，惟恐其不彰。之反於齊之戰也，❹殿軍而不奔，策馬而不進，人之所難也，故夫子取之。

---

❶ 「者」下，上圖抄本有「有以稟度者」五字。

❷ 「非公不至」，上圖抄本作「非公事未嘗至於偃之室」。

❸ 「全」，上圖抄本作「前」。

❹ 「齊」下，上圖抄本有「魯」字，四庫底本有「楚」字，館臣籤云「楚字應删」。

子曰：「不有祝鮀之佞，而有宋朝之美，難乎免於今之世矣。」

佞則不美，美則不佞矣。天下有道，悦美而惡佞；天下無道，悦佞而惡美。故曰：不有鮀佞與朝美，難免今世矣。《春秋》所謂宋公子朝，非孔子所謂「宋朝」者也。夫子於治宗廟則取之，於佞則非之。非之者直拒之，所以立本；取之者節取之，所以趨時。

子曰：「誰能出不由户？何莫由斯道也？」

人之啟處雖不同，所出者户而已；萬物散殊雖不一，所由者道而已。衆人無異，於萬物則由之，而不知君子異於衆人，則由而知之。❶ 蓋户者，出入之所自者也，此言由道，故云：「誰能出不由户？」揚子言「學道」，故云：「惡由入？曰孔氏。」孔氏者，户也。

子曰：「質勝文則野，文勝質則史。文質彬彬，然後君子。」

野非君子之所在，故曠於禮而不知文；史則官書之所繫，故專於文而不知本。二者皆非中道而已。俗之好質者則曰：「質而已，何以文爲？」好文者則以文滅質，以博溺心，此孔子所以言「質勝文則野，文勝質則史。文質彬彬，然後君子」也。孔子曰：「義以爲質，禮以行之。」「彬彬」之謂也。彬從林，質也；從彡，文也。揚子曰：「華無實則史，實無華則野，華實副則禮。」又曰：「事勝辭則史，辭勝事則賦，事辭稱則經。」然君子之彬彬，豈特施於禮樂間哉？野非君子所尚，而孔子欲從先進者，姑以救弊云耳！

---

❶ 「之」下，上圖抄本有「聖人異於君子，則異之而已」十一字。

子曰：「人之生也直，罔之生也幸而免。」

君子以由生而生爲常，以由生而亡爲不幸；小人以由死而死爲常，由死而生爲幸。「人之生也直」，由生而生也；「罔之生也幸而免」，由死而生也。蓋直，本有生之道，雖不幸而死，君子以爲猶生；罔，原有死之道，雖幸而免，君子以爲猶死。是以回、牛之死，不足謂之夭；盜跖之永，不足謂之壽。

子曰：「知之者不如好之者，好之者不如樂之者。」

知之者，爲學日益而窮理者也，興於詩者能之；好之者，爲道日損而盡性者也，立於禮者能之；樂之者，損之又損而將以至於命者也，成於樂者能之。《表記》之言仁，强仁不若利仁，利仁不若安仁；《中庸》之言明善不若誠善，誠善不若至誠，亦若此而已。莫非知也，有生而知之，有學而知之，有困而知之。聖人則生而知之，賢人則學而知之，下於賢人則困而知之。莫非好也，有好之淺者，有好之深者。就有道而正焉，日知其所亡，月無忘其所能，此其淺者也；顏子之好學，孔子之好古，此其深者也。莫非樂也，有人樂，有天樂。顏子不改其樂，人樂也；孔子樂以忘憂，天樂也。

子曰：「中人以上，可以語上也；中人以下，不可以語上也。」

天下有均善之性，無均美之才，故「中人以上，可以語上；中人以下，不可以語上」。老子曰「上士聞道，勤而行之」，可以語上者也；「中士聞道，若有若亡」，可以語上下者也；「下士聞道，大笑之」，不可以語上者也。中人以上，譬則火也，其性趨上；中人以下，譬則水也，其性趨下。於其趨上也，而語之以下，則不仁；於其趨下也，而語之以上，則不智。故孔子之於門人不以語回者告由，不以語由者告求，凡皆因其材

而已，此所謂「不陵節而施之」者也。人之生雖參差不齊，其大致不過此三品而已。❶

樊遲問知。子曰：「務民之義，敬鬼神而遠之，可謂知矣。」問仁。曰：「仁者先難而後獲，可謂仁矣。」

務民之利而害在其中焉。務民之利，非特其利不可以必得也，失義而得害。然則務民之義，孔子以爲「知」，不亦宜乎？有己之義，有民之義，仕則不稼，佃則不漁。《詩》云：「采葑采菲，無以下體。」觴酒豆肉，則辭而受惡；衽席之上，辭而坐下；朝廷之位，辭而就賤。同爵則尚齒，同齒則尚長。若此之類，所謂己之義也。耕者讓畔，行者讓路；壯者代老，少者事長；窮乏相周，患難相救。《詩》云：「雨我公田，遂及我私。」若此之類，所謂民之義也。上之所好，下必有甚焉者。樊遲好利，務爲鬼神之事者也，❷聖人欲其務己之義，則教之曰「上好義則民莫敢不服」；知己之務，然後可以率民，則教之曰「務民之義」，以義爲務，則不失矣。「敬鬼神而遠之」者，敬則致生之，遠則致死之也，凡此所謂「知」也。其爲器重，舉之莫能勝；其爲道遠，行之莫能至。言之則訒，爲之則難，❸凡此所謂「仁」也。問知一也，一告之以務民之義，敬鬼神而遠之，又告之以知人；問仁一也，一告之以先難而後獲，又告之以愛人。與夫「居處恭，執事敬，與人忠」何也？義、敬與獲在己者也，知人、愛人在彼者也。務其在己者然後能其在彼，事之序也。智之敬

❶「而已」下，上圖抄本有「班因列之爲九等」七字。
❷「鬼神」，上圖抄本作「小人」。
❸「難」下，上圖抄本有「而後獲」三字。

則敬鬼神而遠，仁之敬則居處執事恭敬而已，無所不敬也，其「與人忠」不特愛之而已。問仁則先難而後獲，問崇德則先事後得者，對事而言故曰「得」，對難而言故曰「獲」。而得兼於事者也，故於崇德言「先事」；仁，愛人者也，故於仁言「先難」。❶

子曰：「知者樂水，仁者樂山。知者動，仁者靜。知者樂，仁者壽。」

應物而利之者，水也；附而育焉者，山也。知者樂水，故動；仁者樂山，故靜。是動則利仁者也，靜則安仁者也。動則見理，故樂；靜則得性，故壽。然動者非不靜也，靜者非不動也，知者非不壽也。然知者之壽不若仁者之盛，仁者壽則樂不足以言之也。哀公問曰：「知者壽？」而孔子對之以「人有三死：飲食不節，勞逸過度，疾共殺之；居下位而上誣其君，嗜慾無厭，刑共殺之；以少犯衆，以弱侮强，兵共殺之」。知士仁人，動靜以義，喜怒以時，無害其性，欲得壽焉，何不可乎？是知者亦非不壽也。樂水樂山言其情，動靜言其用，樂壽言其功。蓋惟有情斯有用，有用斯有功，辭之序也。

子曰：「齊一變，至於魯；魯一變，至於道。」

春秋之時，成霸功者莫如齊，秉周禮者莫如魯。由齊之尚功而變之，則至於魯；由魯之好禮而變之，則至於王道。齊譬則《召南》也，魯譬則《周南》也，道譬則《雅》也。由魯變而至於道，則無齊、魯之異政；由《周》變而至於《雅》，則無《周》、《召》之殊。猶之百川至海，知有海而不知有百川；四時成歲，知有歲而不

❶「言先難」，上圖抄本作「先言難」。

知有四時也。文王能變《周》、《召》以至於《雅》，孔子未能變齊、魯以至於道；孔子欲變齊、魯以歸於道，孟子欲逃楊、墨以歸於儒。則孔子之時異於文王之時，孟子之時又有異於孔子之時矣。

子曰：「觚不觚，觚哉！觚哉！」

有觚之實，然後有觚之名；有觚之名，而無觚之實：則「觚不觚」矣，尚得謂之觚哉！❶《詩》有「南箕北斗」之喻，揚子雲有「象龍」之論，凡皆譏其有名無實者也。孔子之時，實不稱名者多矣，故其歎如此。

宰我問曰：「仁者，雖告之曰『井有仁焉』，其從之也？」子曰：「何爲其然也？君子可逝也，不可陷也；可欺也，不可罔也。」

君子以誠待物而不逆詐，故可欺；以明燭理而無所蔽，故不可罔。蓋欺者以僞爲真，罔者以無爲有。以僞爲真則有可信之端，以無爲有則直罔於人而已。故象之僞喜，舜不疑其僞；校人之烹魚，子産不疑其不舍：是以有可信之端也。放齊以朱爲啟明，❷堯以爲嚚訟；共工以驩兜爲有功，堯以爲静言庸違：是直罔於人者也。宰我問：「井有仁焉，❸其從之也？」孔子曰：「何爲其然也？君子可逝也，不可陷也；可欺也，不可罔也。」「可逝也，不可陷也」，故井無人；「可欺也，不可罔也」，故知井無人。孟子曰：「君子

---

❶「尚得謂之觚哉」，上圖抄本作「觚不觚則可謂之觚哉，故曰觚哉」。

❷「朱」上，上圖抄本有「嗣子」二字。

❸「仁」，原作「人」，據上圖抄本改。

可欺以其方，難罔以非其道。」

子曰：「君子博學於文，約之以禮，亦可以弗畔矣夫！」

博學於文則無不該，約之以禮則有所執。無不該則所知者詳，有所執則所趨者中，斯亦可以弗畔矣。❶畔者有見乎四旁之地，弗畔則趨中可知矣。約之以禮，可以弗畔，則成於樂者斯不畔矣，此所謂一貫也。❷顏淵曰：「博我以文，約我以禮。」回於道亦可云「弗畔矣」，故稱「其殆庶幾」，揚子稱其「未達一間」耳。

子見南子，子路不說。夫子矢之曰：「予所否者，天厭之！天厭之！」

《易》以《大有》「遏惡揚善」爲命，以《否》之「内小人、外君子」爲匪人。然則君子小人、進退消長皆天命也，君子之於天命，知之故能畏之，畏之故能順之。君子見所不見，順天命也，順天者存而逆之天所厭，故於子路不悦而矢以「予所否者，天厭之，天厭之」。然則孔子之於公山弗擾，子路不悦，而告之以人事，於此告之以天命者，蓋見南子者在天不在己也，之公山弗擾者在己不在天也。夫子之見南子與《睽》之初六同意。

子曰：「中庸之爲德也，其至矣乎！民鮮久矣。」

---

❶「畔」下，上圖抄本有「於道」二字。

❷「一貫」，上圖抄本作「一以貫之」。

莫非德也，有高明之至德，有中庸之至德。莊子「至德之世」，高明之至德也；《周禮》之「至德爲道本」，中庸之至德也。《禮》曰：「中者，天下之大本。」莊子曰：「庸者，用也；用者，通也。」則中者，至德之體；庸者，至德之用也。君子以高明者，人之所難勉；中庸者，人之所易行。故不以其所難勉者强之使行，而以其所易行者同之於民，將人人能之。夫所謂「民鮮久矣」，由上失其道非一日也。

子貢曰：「如有博施於民而能濟衆，何如？可謂仁乎？」子曰：「何事於仁！必也聖乎！堯舜其猶病諸！夫仁者，己欲立而立人，己欲達而達人。能近取譬，可謂仁之方也已。」

非神而化之，使民宜之，不足以博施濟衆；非以百姓之心爲心，不足以安百姓。博施濟衆，修己以安百姓者，天下之至難。堯舜者，天下之至聖，以天下之至聖猶病天下之至難，則下於堯舜者，其可易言哉！❶《書》曰：「安民則惠，惟帝其難之。」老子曰「多異必多難」，是以聖人猶難之，皆此意也。《素問》曰：「神用無方謂之聖。」惟無方，故所施者博而所濟者衆，若仁則有方矣。又曰：「己欲立而立人，己欲達而達人。能近取譬，可謂仁之方也已。」蓋立則不廢，達則不窮。自立自達而忘乎人，則入乎楊，而非所謂「兼愛」；立人達人而忘乎己，則入乎墨，而非所謂「自愛」。故欲立欲達者，仁之自愛也；立人達人者，仁之兼愛也。《傳》曰「獨貴獨富，君子恥之」，此之謂也。彼危人而自安、害人而自富者，豈知此哉！

---

❶「言」，上圖抄本、四庫底本無此字，館臣籤云「易字下，應添言字」。

論語全解卷四

述而第七

子曰：「述而不作，信而好古，竊比於我老彭。」

道德之原出於天，而其說始於古，老子之言道德，躬因之而已，故曰：「述而不作，信而好古。」老子之言，有言古之善爲士者，有言古之爲道德者，有言古之所謂曲則全者，有言執古之道以御今者，則「述而不作，信而好古」可知矣。信則有之也，好則不特知之而已，故孔子比焉。聖人之於人，將自明之，則自尊而卑之，❶所以信其言於後世。孔子之「竊比於我老彭」，尊之所以信其言也。孔子祖述堯、舜，憲章文、武，「述而不作」之謂也。好古，敏以求之，「信而好古」之謂也。蓋聖人達而在上，則帝王天子之德而有所作；窮而在下，則玄聖素王之道而不敢作。❷不敢作，則信而好古而已；有所作，則不特自信而又人信，

---

❶「卑之」下，上圖抄本有「所以息其說於天下，將欲取之，則卑己以尊之」十八字。

❷「玄」，原作「元」，避清康熙帝玄燁諱。上圖抄本作「玄」。

不特好古而又稽而行之也。然孔子之作《春秋》，其事則述，其書則作，故其言曰：「其事則齊桓、晉文，其文則史，其義則丘竊取之矣。」與夫不知而作者多矣。❶諸子之學有不知無位而作之者，有不知無德而作之者，又有不知先王之法既已致隆而或苟作之者，皆在所棄焉。孟子曰：「孔子作《春秋》而亂臣賊子懼。」蓋唐虞、成周未有懼之者，此聖人所以有作也。彭之言行於傳無道，❷豈古之彭祖者乎？

子曰：「默而識之，學而不厭，誨人不倦，何有於我哉？」

默而識之，德也；學而不厭，知也；誨人不倦，仁也。時之人道聽而途説，皆德之棄，非所謂「默而識之」也。或畫焉，或願息焉，非所謂「學而不厭」也。或先傳而後倦，非所謂「誨人不倦」也。故特自成而已，蓋學在己，故言厭、誨；在人，故言倦。叔向曰：「求善不厭，施舍不倦。」揚子曰：「事不厭，教不倦。」❸合而言之則厭與倦皆在己而已，故曰「我學不厭，而教不倦」。

子曰：「德之不修，學之不講，聞義不能徙，不善不能改，是吾憂也。」

德在内者也，不修則不充；學在外者也，不講則不明。聞義不能徙則善不備，不善不能改則行不完，皆孔子所憂者也。然樂而不憂，所以處己；憂而不樂，所以與人同樂，以忘憂處己者也。樂天知命，憂之不與

❶「多」，上圖抄本作「異」。
❷「道」，上圖抄本作「見」。
❸「倦」下，上圖抄本有「亦在己者言厭，在人者厭言倦」十二字。

人同者也。德之修，然後能講學；學之講，然後能徙義。德之修，學之講，未能無不善，改之而已。孔子言「君子不重則不威，學則不固，主忠信」，而終之以「過則勿憚改」，與此同意。

子之燕居，申申如也，夭夭如也。

人之情，矜慎於行禮之際，其不失禮也易；優游於無事之際，其不失禮也難。「子之燕居，申申如也，夭夭如也。」非夫盛德之至孰與此哉！「申申」言肆而不曲，「夭夭」言不以老壯自居。於子之燕居縱言肆，猶至於禮而不屈也，居不容，不以老壯自居也。肆而不屈則直，不以老壯自居則和，所謂「居不容」、「燕居告温温」，知「夭夭」之謂也。《禮記》有言「仲尼燕居」，有言「孔子閒居」，蓋退朝曰「燕居」，「燕」曰「閒」。

子曰：「甚矣吾衰也！久矣吾不復夢見周公。」

形接爲事，神遇爲夢。事見於有爲，夢出於有思。孔子之盛時，嘗欲有大勳勞於天下，而思周公之所爲，故夢見之。及其衰也，知時命不我與，而不復思周公所爲，故不復夢見之。高宗之夢傅説，文王之夢臧丈人，其出於有思亦如此。莊周曰「古之真人不夢」，何也？真人以性言，聖人以德言。性則入而冥道，故無夢；德則出而經世，故有夢。

子曰：「志於道，據於德，依於仁，游於藝。」

揚子之言道、德、仁，則合異以爲同，故曰「道德仁人得之」，以人之天也；老子之言道、德、仁，則散同以爲異，故曰「失道而後德，失德而後仁」，其實一也。蓋道則無體，故志之而已；德則有體，故可據。據德所以立己，依仁所以行己。禮，體此者也；義，宜此者也；智，知此者也；信，誠此者也。言道、德、仁，則義、智、信舉矣。道、德、仁，君子之務本，藝則君子之餘事。《周官》司徒教萬民以六德六行，然後繼之以六藝；師氏教國子以三德三行，然後保氏教之以六藝，則藝豈君子所先哉？特游之而已。《少儀》曰：「士依於德，游於藝。」何謂「依於仁」？曰：德之所愛者，仁也；其所以制者，義也。愛則近於厚，制則近於薄。君子處其厚，故依於仁，不依於義，此所以在此無惡，在彼無射也。今夫己之子與兄之子均在所愛也，孔子則以其子妻公冶長，以兄之子妻南容，此依於仁而施於親親者也。己之與人均在所責也，孔子則躬自厚而薄責於人，此依乎仁而施乎人者也。君臣之分，道合則從，不合則去。孔子於魯，不欲苟去，必欲以微罪行；孟子於齊，不欲速行，必至三宿，然後出晝：此依乎仁而施乎君者也。然則君子之於仁奚所處而不依哉？此所以「造次必於是，顛沛必於是」也。然此言「依於仁」，《禮記》言「依於德」，仁即是德故也。此言「志於道」，孟子言「志於仁」者，仁即是道故也。

子曰：「自行束脩以上，吾未嘗無誨焉。」

孟子曰：「君子之所以教之者，有如時雨化之者，有成德者，有達財者，有答問者，有私淑艾者。」則行束脩，淑艾者也。自私淑以上未嘗無誨，則四者可知矣。君子之於人，常患其所不學，而不倦其所教；其於教也，常恕其所不足，而不嚴其科。故潔己以進者，孔子未嘗不與；以是心至者，孟子未嘗不受。則行束脩以上，豈或遺之哉！然孔子不見孺悲，孟子不見滕更，非不教也，不屑之教也。束脩與《禮記》、《穀梁》所謂「束脩之問」者，意似同。❶

❶ 「意似同」，上圖抄本作「同意」。

子曰：「不憤不啟，不悱不發。舉一隅，不以三隅反，則不復也。」

憤在氣，悱在心。氣不憤不能誠心問，故不啟；心不悱不能誠心辨，故不發。啟之發之，則舉一隅，不以三隅反，則不復，此又惡其不思也。蓋啟所以開之，發所以示之，不以三隅反則不復，欲其思而自得也。蓋君子之於人能道之以善，而不能使之自得，猶夫匠之於人，能與之規矩，而不能使之巧。故性與天道，子貢所不得聞；鬼神與死，子路所不得聞；豈非不以三隅反則不復哉！《禮記》曰「開而不達則思」，孟子「中道而立，能者從之」，此之謂也。然此言學者之道而已，「鄙夫問於我，叩兩端而竭焉！」

子食於有喪者之側，未嘗飽也。子於是日哭，則不歌。

天之道，陰陽不同時，則當喪而飽者，逆道也；人之理，哀樂不同日，則哭日而歌者，逆理也。行弔之日不飲酒食肉，況食之飽乎？鄰有喪，舂不相，❶里有殯，巷不歌，況哭之日歌乎？《禮》曰：「哭日不歌，弔於人，是日不樂。」又曰：「飢而廢事，非禮也；飽而忘哀，非禮也。」孔子所以未嘗飽與不歌者，執禮故也。古之人哀樂歌哭同日者，惟祭而已，故《禮記》曰：「祭之日哀與樂半。」《周禮》「女巫」曰：「邦之大烖，歌哭而請。」

子謂顏淵曰：「用之則行，舍之則藏，惟我與爾有是夫！」子路曰：「子行三軍，則誰與？」子曰：「暴虎馮河，死而無悔者，吾不與也。必也臨事而懼，好謀而成者也。」

---

❶「相」，上圖抄本、四庫底本作「唱」，館臣籤云「唱，《曲禮》作相，宜改正」。

學不至於不惑，不可以語去就之義；行不至於不惑，不可以言廢興之命。故用之則行，舍之則藏，惟孔子能之。蓋君子藏器於身，待時而動，用舍不累於一身。其流止不失其爲淵，其所謂「明明在上，亦山雌也，闇闇在下，亦山雌也」，夫豈以盛行之通、窮居之塞而爲之加損榮醜哉！此所以爲孔、顏也。子路以孔子稱顏回，故問之曰：「子行三軍，則誰與？」孔子答之以「暴虎馮河，死而無悔者」，所以戒其勇也；「必也臨事而懼，好謀而成者」，所以教其怯也。子路聞乘桴浮於海則喜，非所謂「臨事而懼」；有父兄在，聞斯行之，非所謂「好謀而成」，此所以無所取材也。《兵法》曰「勇之爲將乃萬分之一」，又曰「謀者違害而就利」，則行三軍者其可懼哉！孟施舍量敵而後進，慮勝而後會，「臨事而懼」者也；方叔元老，克壯其猶，「好謀而成」者也。

子曰：「富而可求也，雖執鞭之士，吾亦爲之。如不可求，從吾所好。」

富，在天；所好，在己。在天者，不可以求；在己者，可以自樂。故曰：「富而可求，雖執鞭之士，吾亦爲之。如不可求，從吾所好。」執鞭之士，其位則卑，其職則賤，《周官》條狼氏之類也。孔子之欲富，豈如是之甚哉！以爲在天者不可以求，凡以與民同患而已。然言富而不及貴者，以其爲利所在故也。

子之所慎：齋，戰，疾。

「齋必有明衣布」，「齋必變食」，慎齋也；曰「不教民戰，是謂棄之」，必也「臨事而懼，好謀而成者」，慎戰也；康子饋藥，曰「丘未達，不敢嘗」，慎疾也。慎齋，故祭則受福；慎戰，故戰則克；慎疾，則命受其正。慎齋，所以仁鬼神；慎戰，所以仁民；慎疾，所以仁己。此先齋、戰而後疾，《禮記》言祭、戰而不及疾者，仁己之事，雖聖人所慎，亦非其所先也。聖人之所慎，非止此三者而已，特舉其重故也。

子在齊聞《韶》，三月不知肉味，曰：「不圖爲樂之至於斯也。」

有盡美，然後知天下之謂美者，斯不美矣；有盡善，然後知天下之謂善者，斯不善矣。《韶》之爲樂盡善，孔子聞之，故將忘天下之爲美善者，❶又况肉味哉！魏侯聽古樂惟欲卧，齊宣王不好先王之樂，此真「樂鶡以鐘鼓，載鼷以車馬」也，豈知孔子樂《韶》之意哉！司馬遷曰：「聞《韶》，三月學之。」然孔子之樂《韶》器尚矣，其在齊則感其仁聲而已，非學也。❷

冉有曰：「夫子爲衛君乎？」❸子貢曰：「諾，吾將問之。」入，曰：「伯夷、叔齊何人也？」曰：「古之賢人也。」曰：「怨乎？」曰：「求仁而得仁，又何怨？」出，曰：「夫子不爲也。」

聖人之行有浮於言，而言未嘗不顧於行，故觀其所言足以知其所爲，此子貢所以問夷、齊之事而知其所以不爲衛君也。蓋兄弟之讓則仁，父子之争則不仁，孔子善夷、齊之仁而惡衛君之不仁，此所以知其不爲也。子貢疑孔子之爲衛君，孟子則謂智足以知聖人，子貢之知出類拔萃而已，至於不爲衛君則不知也。孔子以夷、齊爲賢人，孟子以夷、齊爲聖人者，以伯夷爲聖，即能化而言也，以夷、齊爲賢，以明己之集大成

---

❶「爲」，上圖抄本作「所謂」。

❷「非學也」，上圖抄本作「謂之學則非也」。

❸「君」下，上圖抄本、四庫底本衍「子」字，館臣沈孫璉籤云「君子下誤衍子字，宜删去」。

者，亦賢而已。❶此孔子不居聖之意也。

子曰：「飯疏食飲水，曲肱而枕之，樂亦在其中矣。不義而富且貴，於我如浮雲。」

貧與賤，人之所惡，不以其道得之不去也，故「飯疏飲水，曲肱而枕，樂亦在其中」；富與貴，人之所欲，不以其道得之不處也，故「不義富貴，於我如浮雲」。

子曰：「加我數年，五十以學《易》，可以無大過矣。」

神無方也，非精義則不可入；《易》無體也，非知命不可以學。聖人入而爲天之所爲，故無過；出而爲人之所爲，則不能無過。孔子五十而學《易》，則爲天之所爲，故可以無大過矣。可以無大過，則於過之小者有所不免，蓋七十而從心，然後無過矣。《易》曰「敦復無悔」是也。聖人之於《易》必以五十而後學，❷然必云五十者，制行以人不以己也。

子所雅言，《詩》、《書》、執禮，皆雅言也。

不言《詩》、《書》則無以教人，不言禮則無以明分。故子所雅言者，《詩》、《書》也；執而不敢議者，禮也。言《詩》、《書》而不及《樂》與《春秋》、《易》者，蓋德不全者不可道之以《樂》，志不定者不可發之以《春秋》，不知命者不可申之以《易》也。子罕言利與命與仁，亦猶是也。孔子之於言，有所雅言，有所不言，有所罕

❶「賢」，上圖抄本、四庫底本作「聖」，館臣籤云「亦賢而已，賢誤聖」。
❷「易」下，上圖抄本有「無」字。

言，其趣雖不同，亦各適其理而已。

葉公問孔子於子路，子路不對。子曰：「女奚不曰，其爲人也，發憤忘食，樂以忘憂，不知老之將至云爾。」

子曰：「我非生而知之者，好古，敏以求之者也。」

葉公問孔子於子路，子路不對，非不知對，不足對也。蓋曰以孔子之道對葉公，是語蛙以海，樂鷃以《韶》，適滋以惑也。❶ 孔子曰：「女奚不曰，發憤忘食，樂以忘憂，不知老之將至？」蓋曰奚不俯其言而對之以此也。孔子之於道，非學也，非不學也。以爲非學，則「吾非生而知之，好古，敏以求之」；以爲非不學，則「我非多學而識之，予一以貫之」。非學也，所以學人異；非不學也，所以學人同。

子不語怪、力、亂、神。

直言曰言，論難曰語。怪、力、亂、神，非不言也，不語於人而已。不語怪、力，則所語者常與德也；不語亂、神，則所語者治與人也。怪之爲害不若力，力之爲害不若亂，怪、力、亂，人之所爲，故先之；神，則非人之所爲，故後之。揚子曰「神又茫茫，聖人曼云」，則不語神之謂也。李究曰：「力不由理爲怪力，神不由正爲亂神。」誤矣。

子曰：「三人行，必有我師焉。擇其善者而從之，其不善者而改之。」

善者吾師也，不善者亦吾師也，師其不善所以自修，此所以「三人行，必有我師」也。若夫師其善而不師其

❶「滋」，上圖抄本無此字。

不善，則内無以自省，外無以自觀，其欲至於君子難矣，然則不善之師其可忽哉？老子以强梁爲教父，釋氏以邪盗之類爲人師，亦此意也。

子曰：「天生德於予，桓魋其如予何？」

孔子於桓魋之暴則曰「天生德於予」，於匡則曰「天之未喪斯文」，蓋德所以足乎己，而君子之所獨，文所以化於人，而天下之所同。故於桓魋則危疑而已，故稱在己者而歸之於命；於匡有死之道，故稱在人者而歸之於時。以明桓魋不能害天之命，匡人不能易天之時也。紂曰：「我生不有命在天？」王莽曰：「天生德於予，漢兵其如予何？」奚德哉！

子曰：「二三子以我爲隱乎？吾無隱乎爾。吾無行而不與二三子者，是丘也。」

孔子之誨人，其不倦，仁也；其無隱，忠也。不倦，與先傳後倦者異矣；無隱，與教人不盡其才者異矣。惟其開而不達，引而不發，不以三隅反則不復，再三瀆則不告，此弟子所以疑其隱也。

子以四教：文、行、忠、信。

忠、信，所以成終始也。學由中出，故以文爲餘事；教自外入，故以文爲先務。《乾》九三，先之以忠信進德，所以成始；孔子之四教，後之以忠信，所以成終。

子曰：「聖人，吾不得而見之矣，得見君子者，斯可矣。」子曰：「善人，吾不得而見之矣，得見有恒者，斯可矣。亡而爲有，虚而爲盈，約而爲泰。難乎有恒矣。」

有常者能常而已，非可欲者也，故不足於善人；善人能爲可欲而已，非充實者也，故不足於君子；君子充實而已，❶非大而化之者也，故不足於聖人。有常可與共學者也，善人可與適道者也，君子可與立者也，聖人可與權者也。聖人不可得則思君子，善人不可得則思有常，《詩》之《子衿》先子衿而繼之以子佩，《素冠》先素冠而繼之以素韠，《褰裳》先他人而繼之以他士，凡皆思其次者而已，亦此意也。孔子曰：「不得中行而與之，必也狂狷乎？」孟子以琴張、曾皙、牧皮爲狂，以不屑不潔之士爲狷，則狂可以爲善，狷者有恒而已。若夫亡而爲有，虛而爲盈，約而爲泰，難乎有恒矣！此《易》所謂「不恒其德」也。蓋虛非亡也，特未盈而已；約非虛也，特約之而已。亡而爲有，甚於虛而爲盈；虛而爲盈，甚於約而爲泰。其序如此。

子釣而不綱，弋不射宿。

釣與弋，君子與人同；不綱、不射宿，君子與人異。君子於物愛之弗仁，其愛之也，不綱、不射宿；其弗仁也，不免於釣弋。孔子窮而在下，其不忍如此，使達而在上，則其仁可知也。春秋時有干戈相尋、屠城滅國，舉無噍類，況有釣而不綱者乎？有以乘人之阨、掩人不備而襲之，況有弋不射宿者乎？

子曰：「蓋有不知而作之者，我無是也。多聞，擇其善者而從之，多見而識之，知之次也。」

君子之於學也，遠則聞而知之，近則見而知之。多聞，患於不能擇，能擇則知所從；多見，患於不能識，能識則知所辨。此特知之而已。「吾道一以貫之」，則知之上也。孔子曰：「生而知之者，上也；學而知之者，次也。」則知之次者，學者之事也。曾子、子貢皆聞一貫於孔子，曾子能唯而不能辨，子貢知聽而不知

❶「君子」，四庫底本無此二字，館臣籤云「充實上宜增君子二字」。

問，則知之上者，聖人之事也。然此未離乎知而已，乃若離一以至於無始，去知以至於無知，則又聖人之妙也。

互鄉難與言。童子見，門人惑。子曰：「與其進也，不與其退也，唯何甚？人潔己以進，與其潔也，不保其往也。」

聖人不以能病人，而常待之以恕，故潔己以進者在所與；不以智逆物，而常繼之以義，故於往在所不保。與其潔，故子路變服而至則教之；不保其往，故宰予與辭於後則聽之。門人不知而惑於童子之見，孔子示之以「唯何甚」，則不與其潔者甚於所擇也，保其往者甚於所逆也。孔子不爲已甚，故韓愈曰：「言辭之不則，禮貌之不答，雖孔子不得行於互鄉也。」孟子之設科，來者不拒，度則不得，亦此意與？「與其潔」，則所謂「污者」斯不與矣；「不保其往」，則「親於其身，爲不善者」斯拒之矣。

子曰：「仁遠乎哉？我欲仁，斯仁至矣。」

陳司敗問：「昭公知禮乎？」孔子曰：「知禮。」孔子退，揖巫馬期而進之，曰：「吾聞君子不黨，君子亦黨乎？君取於吳，爲同姓，謂之吳孟子。君而知禮，孰不知禮？」巫馬期以告。子曰：「丘也幸，苟有過，人必知之。」

周公之過以親也，孔子之過以君也，過于厚者也。過於厚以人知之爲幸，過於薄以人不知爲幸，故曰：「古之君子，過也，如日月之食，人皆見之。更也，❶人皆仰之。今之君子，豈徒順之，又從而爲之辭。」

---

❶「更」上，上圖抄本有「及其」二字。

子與人歌而善，必使反之，而後和之。

樂者，人情之所不免，君子樂得其道，小人樂得其欲。孔子于《韶》則忘味，于歌之善則和，樂得其道也。

子曰：「文，莫吾猶人也。躬行君子，則吾未之有得。」

行者，君子之務本；文者，君子之餘事。與其行不足而文有餘，不若行有餘而文不足。今吾於文也，不特猶人而已，然躬行君子未之有得，則是行不足而文有餘也。蓋時之人，與其文不究其實，而不知其非，故孔子自謂如此，以救其弊。

子曰：「若聖與仁，則吾豈敢？抑爲之不厭，誨人不倦，則可謂云爾已矣。」公西華曰：「正唯弟子不能學也。」

聖者，天道之至；仁者，人道之至。語仁之未成名，雖管仲、子産亦可謂之仁人；語仁之成名，雖孔子有所不敢。孔子之所不敢，非不敢也，不居之而已。孔子以爲不厭、誨不倦爲非聖，❶賜、赤或以爲既聖，或以爲不能學者，不厭不倦，聖人之所爲而學者之所難也。不曰「學之不厭」而曰「爲之不厭」者，蓋曰仁、聖之成名，我不敢居，特爲仁、聖之事而已。爲仁、聖之事，故學不足以言之。

子疾病，子路請禱。子曰：「有諸？」子路對曰：「有之。誄曰『禱爾於上下神祇』。」子曰：「丘之禱久矣。」

疾與病合則一，别則異。《周官》疾醫言疾病，獸醫則言病，以人易知，雖疾可見，獸不易察，病而後知，是

❶「誨」下，上圖抄本有「人」字。

疾輕於病。子疾病，疾而後至於病。君子於神祇，未疾則禱；　衆人於神祇，未疾則不禱，既疾則禱。未疾而禱，禱之以正直；既疾而禱，禱之以祭享。孟子曰「夭壽不貳，修身以俟之」，所以立命也。禱之以祭享，是貳之也。孔子之疾不禱，無妄之疾，勿藥可也。春秋之時，楚昭王之疾，不禱於河，齊侯之疾，欲誅祝史，賢否可知矣。

子曰：「奢則不孫，儉則固。與其不孫也，寧固。」

奢則僭，故失之不孫；儉則約，故失之固。不孫則其害大，固則其害小。老子於奢則去之，于儉則寶之。管仲之奢，孔子以爲不知禮；晏子之儉，曾子以爲知禮。此「與其奢也，寧儉；與其不孫也，寧固」。然二者皆非中道，以曹風之奢，魏、晉之儉，皆詩人所刺也，孔子言「寧儉」、「寧固」，與「思狂狷」同意。

子曰：「君子坦蕩蕩，小人長戚戚。」

子温而厲，威而不猛，恭而安。

作德，心逸日休，故坦蕩蕩；作僞，心勞日拙，故長戚戚。君子居易以俟命，大行不加，❶窮居不損，故有終身之樂而無一日之憂；小人行險以徼幸，未得則患得，既得則患失，故有終身之憂而無一旦之樂。❷此「坦蕩蕩」、「長戚戚」所以不同也。「子温而厲，威而不猛，恭而安。」是亦君子之所謂坦蕩蕩也，蓋温而不

❶「大」，上圖抄本作「盛」。

❷「旦」，上圖抄本作「朝」。

厲過於柔，威而猛過於剛，恭而不安過於巽。子夏曰「即之温，聽其言厲」，温而厲也。《禮》曰「威而愛」，❶威而不猛也。子曰「與人恭而有禮」，恭而安也。温而厲則處仁以義，威而不猛則成義以仁，恭而安則行巽以禮。仁而後義，義而後禮，事辭之序也。

泰伯第八

子曰：「泰伯，其可謂至德也已矣。三以天下讓，民無得而稱焉。」

不累於厚利，故三以天下讓；不累於名高，故民無得而稱：此所以爲「至德」。太伯之讓則國也，三以天下讓者，以文王之聖有得天下之道故也。《詩》曰「帝作邦作對，自太伯王季」，又曰「文王肇禋，惟周之禎」，❷則文王有得天下之道也固矣。後世伯夷之遜孤竹，季札之遜吴國，魯隱之遜桓公，宋穆之遜與夷，燕噲之遜子之，韋玄成之遜弟勝，東海王强之遜弟陽，鄧彪之遜弟荊，丁鴻之遜弟盛，劉愷之遜弟憲，凡是者多矣。若伯夷、季札則狥義者也，餘則矯異以取一時之名而已，❸豈君子之所與哉！然擬於突、忽之

❶「威」，原作「温」，據上圖抄本及《禮記》改。
❷「禎」，原作「禎」，爲館臣避清雍正帝胤禛諱，據上圖抄本改回。
❸「矯」，上圖抄本作「特」。

兄弟，蒯、輒之父子，其有間矣。

子曰：「恭而無禮則勞，慎而無禮則葸，勇而無禮則亂，直而無禮則絞。「君子篤於親，則民興於仁；故舊不遺，則民不偷。」

好勇不好學，其蔽也亂；好直不好學，其蔽也絞。則所謂無禮者，不學之蔽。恭、慎、勇、直出於德性，而德性本於道學，有是德性而無禮以節之，故恭則不安而勞，慎則過思而葸，勇則至於悖亂，直則至於絞迫。「脅肩諂笑，病於夏畦」，「恭而無禮則勞」也；「其父攘羊，而子證之」，「直而無禮則絞」也。葸，猶荀卿所謂「諰諰然」也；絞，猶《詩》傳所謂「絢絞」也。《禮》曰：「恭而不中禮，謂之給；勇而不中禮，謂之逆。」則無禮不特不中禮而已。蓋恭、慎則不及，必跂而進於禮；勇、直則過，必抑而就於禮。禮以仁厚爲質而已。故繼之以「君子篤於親，則民興於仁；故舊不遺，則民不偷」。《禮》曰：「親者，毋失其爲親；故者，毋失其爲故。」《詩》曰：「親親以睦，故舊不遺。」《周官》「八政」統馭萬民，一曰親親，二曰敬故。❶ 馭以親親則民莫遺其親，馭以敬故則民莫慢其故。莫遺其親，則興於仁也；莫慢其故，則不偷矣。後世不知親親，而《角弓》之怨興；不知敬故，而《谷風》之刺作。欲民免於無禮，其可得乎？

曾子有疾，召門弟子曰：「啟予足！啟予手！《詩》曰：『戰戰兢兢，如臨深淵，如履薄冰。』而今而後，吾知免夫，小子！」

---

❶「故」下，上圖抄本有「親親，孝也，仁也；敬故，仁也，義也」十二字。

父母全而生之，子全而歸之。孔子以不敢毁傷爲孝，樂正子以傷足爲憂，此曾子所以「戰戰兢兢，如臨深淵，如履薄冰」，蓋賢者之保身猶之乎諸侯之保國也。故曾子取此詩以明己之孝，《孝經》取此詩以爲諸侯之孝也。先啟足而後體者，便於侍疾者故也。《禮》曰：「曾元、曾申坐於足。」

曾子有疾，孟敬子問之。曾子言曰：「鳥之將死，其鳴也哀；人之將死，其言也善。「君子所貴乎道者三：動容貌，斯遠暴慢矣；正顔色，斯近信矣；出辭氣，斯遠鄙倍矣。籩豆之事，則有司存。」

道無乎不在，物無乎非道。故默而成之於性命之理，道也；揮而散之於容貌辭氣，亦道也。蓋恭敬達之於容貌，則無暴慢之容貌矣；誠信達之於顔色，則無詐諂之顔色矣；忠順達之於辭氣，則無鄙倍之辭氣矣。於顔色言「近信」，則容貌近禮、辭氣近和可知；於容貌言「遠暴慢」，於辭氣言「遠鄙倍」，則顔色遠誕謾可知。《禮》曰：「禮義之始，在於正容體，齊顔色，順辭令。」又曰：「君子不失足於人，不失色於人，不失口於人。」與此同意。人道，本也；事，末也。末在人，本在仁，君子則事道，有司則事事，故曰「籩豆之事，則有司存」，此所以告孟敬子也。

曾子曰：「以能問於不能，以多問於寡，有若無，實若虚，犯而不校。昔者，吾友嘗從事於斯矣。」

能，言其才；多，言其學。以能問於不能，以多問於寡，其資人者也；有諸己而若無，充實而若虚，其處己者也。「以能問於不能，以多問於寡」，則學愈博；「有若無，實若虚」，則德愈充；「犯而不校」，則恕矣。以能問於不能，至實若虚，不伐善者能之；犯而不校，不遷怒者能之。則曾子所謂「吾友」者，顔子而已，孔子曰「以直報怨」，顔子犯而不校者，蓋犯非必怨也。

曾子曰：「可以託六尺之孤，可以寄百里之命，臨大節而不可奪也。君子人與？君子人也。」

託，言其所恃；寄，言其所付。六尺之孤，其責重，故言「託」；百里之命，其責輕，故言「寄」。老、莊皆曰：❶「貴以身爲天下，乃可託天下；愛以身爲天下，乃可寄天下。」則貴者，不辱其身而其德尊；愛者，不危其身而其德殺。於德尊者言託，於德殺者言寄，是託於寄爲重，寄於託爲輕，通而言之，則一也。故寓公於《喪服傳》曰「寄公於君」，孟子則曰「託於諸侯」。可以託六尺之孤，仁也；可以寄百里之命，義也；臨大節而不可奪，忠也。苟非君子，孰能與此？

曾子曰：「士不可以不弘毅，任重而道遠。仁以爲己任，不亦重乎？死而後已，不亦遠乎？」

士不可以不尚志，不可以不弘毅。弘則張大而有容，毅則致果而有濟。孟子曰：「其爲氣也，至大至剛。」蓋人生莫不有剛大之氣，患乎不能尚志以帥之，尚志以帥之，則弘可以致至大，毅可以致至剛，故能任重而道遠。《禮》曰：「仁之爲器重，其爲道遠，舉者莫能至。」此所以不可不弘毅也。《詩》曰：「惟仲山甫，不侮矜寡，不畏彊禦，德輶如毛。惟仲山甫舉之。」則不侮矜寡，弘也；不畏彊禦，毅也；惟仲山甫舉之，任重也。《記》曰：「斃而已矣。」荀卿曰：「生乎由是，❷死乎由是。」道遠之謂也。《坤》言「厚德載物」，《乾》言

❶「皆」，上圖抄本作「昔」。

❷「是」下，原衍「道」字，據《荀子》删。

「自强不息」，則任重者地，道遠者天，道充弘毅，至此則大人之事備。孟子於士尚志則兼仁義言之，此則言仁不及義者，仁者義之本故也。

子曰：「興於《詩》，立於禮，成於樂。」

學始於言，故興於《詩》；中於行，故立於禮；終於德，故成於樂。禮樂者，成人之事；《詩》者，養蒙之具。孔子之於小子則曰「何莫學夫《詩》？」於成人則曰「文之以禮樂」，此《禮》所謂「志之所至，《詩》亦至焉；《詩》之所至，禮亦至焉；禮之所至，樂亦至焉」者也。然「興於《詩》」，非不學禮也，特不可謂之立；「立於禮」，非不知樂也，特不可謂之成。《禮》曰：「十有三年，學樂，誦《詩》，舞《勺》。成童，舞《象》，學射、御。二十而冠，始學禮。」《學記》之教人亦先之以安絃，夔之教胄子亦先之以樂，於此言「成於樂」，則樂者，學之所終始也。惟其禮樂皆得，謂之有德，然後爲修之至矣。荀子曰：「學始於誦《詩》，終於讀《禮》。」是可以與立也，以爲學止乎此則未也。

子曰：「民可使由之，不可使知之。」

聖人制行以人不以己，議道以己不以人。以人不以己，故禮方而卑，所以廣業而其仁顯；以己不以人，故智圓而神，所以崇德而其用藏。顯，故民可使由之；藏，故不可使知之。《易》曰「百姓日用而不知」，孟子曰「終身由之而不知其道者衆矣」是也。惟其不知，故不可使知之。不可使知之，而必其知，則是以己之所能者病人，以人之所不能者愧人，是雖至於折骨絶筋亦無益也，此所以有餘不敢盡也。若夫老子所謂「古之善爲道者非以明民」，莊子曰「聖人者，天下之利器，不可以示人」，則進於此矣。

子曰：「好勇疾貧，亂也。人而不仁，疾之已甚，亂也。」

子路好勇矣，然衣敝緼袍而不疾貧，故不爲亂；商丘開疾貧矣，然力弱而不好勇，亦不爲亂。好勇而不疾貧，則未必爲亂；貧而不好勇，則不能爲亂。故曰：「好勇疾貧，亂也。」夫鳥窮則搏，獸窮則攫，馬窮則逸，人窮則詐，故於不仁者剋核太至，則不肖之心應之，故曰：「人而不仁，疾之已甚，亂也。」蓋不仁者，非不疾之，疾之不可已甚，孔子之不爲「已甚」，老子之言「去甚」者，此也。疾不仁者，義也；不至於已甚者，智也。《兵法》曰「寇窮勿追」，亦此意也。

子曰：「如有周公之才之美，使驕且吝，其餘不足觀也已。」

才之美者莫過於周公，行之醜者莫甚於驕吝。有周公之才之美，使驕且吝，猶不足觀，又況才美下此者乎？蓋君子以禮存心，故不驕；以仁存心，故不吝。小人以驕滅敬而忘禮，以吝滅愛而忘仁。忘禮與仁，非所謂有德者也，其何以觀之哉！荀卿曰：「弓調，然後求勁；馬服，然後求良。士信慤，然後求智能；士不信慤而多智能，譬之豺狼，不可以身近之。」亦此意也。

子曰：「三年學，不至於穀，不易得也。」

米以不失穀爲善，人以不失性爲仁。善爲仁之體，仁爲善之用，孟子以五穀譬仁，則穀者仁之實也。君子之學，一年則論學取友，七年小成，九年大成，若夫仁以爲己任，死而後已，三年學其可以至穀哉？此所以樂其自强不息也。莊周曰「美成在久」，荀卿曰「真積力久則入」，此之謂也。孔子曰「有能一日用其力於仁」者，蓋謂誘之而已。

子曰：「篤信好學，守死善道，危邦不入，亂邦不居。天下有道則見，無道則隱。

篤信則於道不疑，好學則於道不厭，守死善道則於道不變。學至於此，然後知廢興之有命，去就之有義，故曰：「危邦不入，亂邦不居。天下有道則見，無道則隱。」故君子體龍之潛升以爲德，體鳳之顯隱以爲行。邦有道，則以道徇身而行；邦無道，則以身徇道而隱。此所謂「當治世而不避其任，遭亂世而不爲苟存」。然有是言也，而言之不必信；有是行也，而行之不必果。故孔子於公山、佛肸之召則欲往，於衛君之亂則欲入，環轍天下，卒老於行而未嘗隱。苟非體常盡變，孰能與此哉！

「邦有道，貧且賤焉，耻也；邦無道，富且貴焉，耻也。」

於可仕之時而無可仕之道，貧且賤焉，耻也；於可退之時而無必退之志，富且貴焉，耻也。孔子曰：「邦有道，❶穀，耻也。」孟子曰：「立乎人之本朝，而道不行，耻也。」與「邦無道，富且貴焉，耻也」同一意。

子曰：「不在其位，不謀其政。」

大夫不在其位而謀其政則謂之犯分，❷居官不在其位而謀其政則謂之侵官。此《易》所以言「思不出其位」，而孔子所以言「各司其局」，❸此「不在其位，不謀其政」也。若夫在天則春、夏、秋、冬不相易時，在地

❶「有」，依《論語・憲問》「憲問耻」章及此處文意，當作「無」。

❷「位」，原作「政」，據上圖抄本改。下「位」字同。

❸「孔子」，上圖抄本作「禮」。

則東、西、南、北不相易方，在人則耳、目、口、鼻不相易用。至於朝廷不歷位而相與言，不踰階而相揖，大至於天地之理，小至於言語之儀，其定分也猶且不可犯，又況不在其位而謀其政哉！韓之典冠者加昭侯以衣，非不愛君也，不免越職之誅；晉之將中軍者將載厲公以車，非不憂君也，不免侵冒之責。故庖人雖廢職而尸祝者不可以代，御者雖非良而參乘者不可以呼，此孔子嘗爲乘田則曰「牛羊茁壯長而已」，嘗爲委吏則曰「會計當而已」。曾子不與越寇之事，孟子不以爲罪；陽處父易中軍之班，《春秋》以爲罪，其以此歟！然則於田常之亂，孔子不在其位而請討；季氏之旅，孔子不在其位而欲救之者：蓋田常之亂盡人可討，季氏之旅唯告冉有而已。

子曰：「師摯之始，《關雎》之亂，洋洋乎盈耳哉！」

治汚謂之汚，治弊謂之弊，治荒謂之荒，治亂謂之亂。《關雎》嘗亂矣，師摯之始，其亂而正之，故「師摯之始，《關雎》之亂，洋洋乎盈耳哉！」《書》曰「聖謨洋洋」，《禮》曰「鬼神洋洋乎在其上」，❶史曰「洋洋乎美德！役群衆」，則「洋洋」，盛美之辭。師摯之始，《關雎》之亂，而孔子美之，及其適齊而嘆之，則其賢可知矣。

子曰：「狂而不直，侗而不愿，悾悾而不信，吾不知之矣。」

狂則進取而無節者也，侗則游移而無守者也，悾則虛中而無實者也。無節而直，無守而愿，無實而信。嘆

---

❶「在其上」，上圖抄本作「如在其上」。四庫底本作「盈耳哉」，爲館臣改。

未善也猶出於誠，未善而無誠，則非君子所與也，孔子所以深非而曰「吾不知之矣」。人之生也，悾侗顓蒙，則悾而後侗，侗而後狂，於此則先狂而後侗與悾者，蓋狂者進取善也，狂未以爲善也，以其未善而猶不直，則其反常度甚矣。子張色取仁而行違，其狂而不直者與！

子曰：「學如不及，猶恐失之。」

「學如不及，猶恐失之」者，用殆於學，其能有得乎？此文武所以汲汲、仲尼所以皇皇也。孔子之門人猶有冉有之自畫，子貢之願息，宰予之晝寢，時之殆於學者多矣，故孔子言此以警之。

子曰：「巍巍乎，舜、禹之有天下也，而不與焉。」

「巍巍」，言成功之高大也。有天下而不與焉者，如堯之無爲而治者也。無爲而治者，君子之道，故孟子曰：「君哉，舜也！」孟氏先堯後舜，此先舜、禹而後堯，何也？先堯後舜者，堯、舜先後之序也；先舜、禹而後堯者，以舜、禹之有天下本於堯故也。

子曰：「大哉堯之爲君也。巍巍乎，唯天爲大，唯堯則之。蕩蕩乎民無能名焉，巍巍乎其有成功也，焕乎其有文章。」

天任理，人任情。任理則大而公，任情則小而私。堯之爲君，❶不私其天下，則大而公焉，故曰「唯天爲大，唯堯則之」。《易》曰：「大哉，乾元！」《傳》曰：「無爲爲之謂天。」蓋大而公然後能無爲，則無不爲矣。

---

❶「君」下，原衍「子」字，據上圖抄本删。

堯之則天，至於「蕩蕩乎民無能名」，無爲也；「巍巍乎其有成功，焕乎其有文章」，無不爲也。民無能名，故謂之帝；其有成功，故謂之放勳；其有文章，故謂之重華。然堯之則天之大，非美而未大也，則天者天之合也。舜似堯爲美而未大，堯自以爲人之不合者，蓋「不虐無告，不廢困窮」，嘉懦弱而哀婦人，此特堯之緒餘故也。《易》曰：「天垂象，見吉凶，聖人則之。」《詩》曰：「不識不知，順帝之則。」前乎堯者，則其象而已；後乎堯者，順其則而已。故曰：「唯天爲大，唯堯則之。」

舜有臣五人而天下治。武王曰：「予有亂臣十人。」子曰：「才難，不其然乎？唐、虞之際，於斯爲盛。有婦人焉，九人而已。

以天下與人易，爲天下得人難。堯、舜之時，野無遺賢，而舜之治天下者五人而已；文王之時，❶濟濟多士，武王之亂臣十人而已，❷故孔子嘆其才難也。考之《孟子》，五臣則禹、稷、契、皋陶、伯益是也。考之《書》，則亂臣十人同心、同德是也。《書》稱虢叔五人之外，周公、太公、召公、畢公而已，馬融以榮公與焉，非也。子無臣母之義，則所謂婦人者邑姜而已，馬融以爲文母，非也。萇弘曰：「十人同德，周以興。」

「三分天下有其二，以服事殷。周之德，其可謂至德也已矣。」

---

❶ 「王」，原無，據上圖抄本補。

❷ 「王」，原無，據上圖抄本補。

文王有君民之大德，有事君之小心。有君民之大德，故「三分天下有其二」；有事君之小心，故猶「服事殷」。如此則不以利累名，不以私累實，其德不可以有加矣，此所以爲至德也。不謂文王之至德而曰「周之至德」者，以明周之世世修德若文王也。《易》曰「周之盛德」，而此曰「至德」，自其衰世言之則曰「盛德」，自其以服事殷言之則曰「至德」。

子曰：「禹，吾無間然矣。菲飲食而致孝乎鬼神，惡衣服而致美乎黻冕，卑宮室而盡力乎溝洫。禹，吾無間然矣。」

厚飲食，美衣服，崇宮室，❶人之情也。菲而致孝乎鬼神，惡而致美乎黻冕，卑而盡力乎溝洫，所以仁鬼神，仁民也。仁者，盡人道而已，人道盡則無間矣。《易》乾元言「大哉」，亨言「大亨」，利言「大利」，坤元言「至哉」，柔言「至柔」，静言「至静」。堯以德而帝，天道也，故稱「大哉」；文王以業而王，地道也，故稱「至德」。帝道成於堯、舜，王道成於文、武，曰帝王之道而無間者，禹而已，故言禹終之。

❶「厚飲」至「宮室」，上圖抄本作「飲食欲厚，衣服欲美，宮室欲高」。

論語全解卷五

子罕第九

子罕言利與命與仁。

仁，人道也；命，天道也；利則和同天人之際者也。仁、命，人所難知；利，人所難爲。智足以及此，無事於言；智不足以及此，無足以與言：所以罕言也。天之所利，年飢不足博施濟衆，堯、舜猶病，况於人乎？❶故鮮言之，以利人所難爲故也。孔子於利罕言，孟子於利不言，蓋罕言者利之本，不言者利之末。

達巷黨人曰：「大哉孔子！博學而無所成名。」子聞之，謂門弟子曰：「吾何執？執御乎？執射乎？吾執御矣。」

顏、閔之徒，或以德行稱，或以政事稱，或以文學稱，或以言語稱，皆其所以成名也。孔子無所不學，而

❶「况於人乎」，上圖抄本作「則利尤人之所難爲」。

人莫名其所以學；無所不知，而人莫名其所以知：則無所成名也。聖人之於天下，方其人之知我也，則承之以謙，若曰「吾少也賤，故多能鄙事」、「若聖與仁，則吾豈敢」、「君子道者三，我無能焉」、「我於辭命則不能也」；方其人之不知我，則高其言，曰「天生德於予」、「文不在兹乎」、「下學而上達」、「知我者其天乎」，此孔子所以執御而不執射者，以達巷黨人之知我故也。孟子於公孫丑之言既聖則曰「惡是何言」，於距楊、墨則曰「予欲承三聖」，其抑揚高下，亦若是而已。射與御，❶皆藝也。❷古者男子之生，桑弧蓬矢六，以射天地四方，不能者則辭以負薪之憂。《周官》六藝先射而後御，《詩》之《叔于田》先善射而後良御，則射者古之所尤重也。孔子於射不敢執而曰執御者，謙之至也。

子曰：「麻冕，禮也，今也純，儉，吾從衆。拜下，禮也，今拜乎上，泰也，雖違衆，吾從下。」

先王制禮之設，爲奢不爲儉，❸爲泰不爲恭。用可以儉，雖禮，有所不行；行在乎恭，雖從，❹有所不從。故衆儉則從儉，衆泰則從禮。從衆者，義也；從禮者，理也。義者，禮之權；理者，禮之經。知禮之經，則考之先王而不謬；知禮之權，則推於當世而可行。三代之所以因革損益者，亦不過如此而已矣。

---

❶「御」，四庫底本作「藝」，館臣盧遂籤云「藝字應改御字，正本未改」。

❷「也」下，上圖抄本有「射者服人之事，御者事而已」十一字。

❸「奢」，原作「泰」，據上圖抄本改。

❹「從」，上圖抄本作「衆」。

子絶四：毋意，毋必，毋固，毋我。

聖人之於天下無適也，無莫也，以誠而已。毋意也，言不必信，行不必果，惟義而已；❶毋必也，可以止則止，可以仕則仕，趣時而已。毋固也，視人如我，視我如人，非特克己而已；毋我也，莊子曰「于羊棄意」，聖人不必至人無己，此之謂也。雖然，毋意也有所謂「意」，《易》曰「立象以盡意」是也；毋必也有所謂「必」，「名之必可言」是也；毋固也有所謂「固」，「君子固窮」是也；毋我也有所謂「我」，「以我爲隱乎」是也。❷五行之性，惟火爲能毋我，而火於五臟主神，此毋我者，聖人之妙用，故於後言之。毋者，禁止之辭也，孔子之於四者，非無也，特止而不爲爾。

子畏於匡，曰：「文王既没，文不在兹乎？天之將喪斯文也，後死者不得與於斯文也；天之未喪斯文也，匡人其如予何？」

聖人之勇能無懼，如畏於三軍；孟施舍之勇能無懼，而畏於三軍。聖人於内能無懼，於外不能無畏，聖人無懼而畏如孟施舍同，其所以無懼與孟施舍異，若孟子不動心與告子同，其所以不動心與告子異。老子曰：「人之所畏，不敢不畏。」孟子曰：「五百年必有王者興，其間必有名世者。」由文王至於孔子，

---

❶「惟」，上圖抄本作「循」。

❷「以我爲隱乎是也」，上圖抄本作「子曰：以我爲隱乎？童蒙求我，匪我求童蒙，凡則稱我以敵物者是也」。

以其數則過矣，以其時考之則可矣。故曰：「文王既没，文不在兹乎？」

太宰問於子貢曰：「夫子聖者與？何其多能也？」子貢曰：「固天縱之將聖，又多能也。」子聞之曰：「太宰知我乎！吾少也賤，故多能鄙事。君子多乎哉？不多也。」牢曰：「子云：『吾不試，故藝。』」

道德者，本也；藝能者，末也。有其本而輔之以末，則不害爲君子；若事其末而忘其本，則不免爲衆人。周公之多才多藝與孔子之多能，則多能亦聖人之所不廢而非其所先也。聖人之於天下，能圓能方，能短能長，流之斯爲川，塞之斯爲淵，升則雲，潛則淵，仁者見之謂仁，智者見之謂智。太宰見之謂「多能」，不亦宜乎！

子曰：「吾有知乎哉？無知也。有鄙夫問於我，空空如也。我叩其兩端而竭焉。」

聖人之於人，患其不能學，不倦其所教；患其不能問，不隱其所答。互鄉童子之進則與之而不拒，鄙夫之問則叩兩端而竭焉。蓋智及之而誠不至，聖人答之以略；智不及而誠至焉，聖人告之以詳。故於舉一隅不以三隅反者不竭兩端，於竭兩端者不舉一隅，此稱物平施也。

子曰：「鳳鳥不至，河不出圖，吾已矣夫！」

子見齊衰者、冕衣裳者與瞽者，見之，雖少，必作，過之，必趨。

君子以仁存心，故見齊衰者則不忍；以禮存心，故見衣裳者則不慢；以誠存心，故見瞽者則不欺。「見之，雖少，必作」，於長者敬之可知矣；「過之，必趨」，於與處者敬之可知矣。見之、過之而未必狎，見齊

衰雖褻必以貌，見冕與瞽雖狎必變，夫子居鄉之容也。❶

顔淵喟然嘆曰：「仰之彌高，鑽之彌堅，瞻之在前，忽焉在後。夫子循循然善誘人，博我以文，約我以禮，欲罷不能。既竭吾才，如有所立卓爾，雖欲從之，末由也已。」

仰之彌高，故不可階而升；鑽之彌堅，故不得其門而入；瞻之在前，故隨之不見其後；忽焉在後，故迎之不見其前。「仰之彌高，鑽之彌堅」，聖也；「瞻之在前，忽焉在後」，神也。神與聖，聖人之所獨；文與禮，天下之所同。聖人以所獨者處己，以所同者誘人。「博我以文」，使之窮理；「約我以禮」，使之盡性，此所謂「步亦步，趨亦趨」。「既竭吾才，如有所立卓爾，雖欲從之，末由也已。」此所謂「夫子奔逸絶塵而瞠乎其後」。揚子曰：「顔子得其行，未得其所以行也。」

子疾病，子路使門人爲臣。病閒，曰：「久矣哉，由之行詐也！無臣而爲有臣。吾誰欺？欺天乎？且予與其死於臣之手也，無寧死於二三子之手乎！且予縱不得大葬，予死於道路乎？」

子疾病，子路使門人爲臣，而孔子以爲欺天；夫子之死，門人欲葬以三代之禮，而君子不以爲非禮。門人欲厚葬之者，義也；孔子不敢厚葬之，禮也。夫詐則不誠，欺則不忠，不誠則無以行己，不忠則無以事天。故於己言詐，於天言欺。❷

❶「夫子居鄉之容也」，上圖抄本作「此聖人處鄉黨之禮也」。

❷「欺」，原作「忠」，據上圖抄本改。

子貢曰：「有美玉於斯，韞匵而藏諸？求善賈而沽諸？」子曰：「沽之哉！沽之哉！我待賈者也。」

君子未嘗不欲仕，惡不由道；美玉未嘗不欲沽，惡不待賈。沽之所以行其義，待賈所以珍其道。行其義則不失人，珍其道則不失己。《易》「君子藏器於身，待時而動」，揚子曰「珍其貨而後市」，與此同意。

子欲居九夷。或曰：「陋，如之何？」子曰：「君子居之，何陋之有？」

子曰：「吾自衛反魯，然後樂正，《雅》、《頌》各得其所。」

孔子於禮不敢議，執之而已；於樂不敢作，正之而已。季札時，《豳》不居末而次《齊》，《秦》不次《唐》而次《豳》，《魏》不次《齊》而次《秦》，《陳》不次《秦》而次《唐》，《國風》如此，❶《雅》、《頌》可知，❷孔子所以亟正之。《左傳》哀公十一年，孔子在衛，魯人召之乃歸，其自衛反魯之時歟？

子曰：「出則事公卿，入則事父兄，喪事不敢不勉，不爲酒困，何有於我哉？」

子在川上曰：「逝者如斯夫！不舍晝夜。」

天下之物，無日而不禪，無時而不移。雖天地不能逃其變，舟壑不能固其藏，造化密移，疇覺之哉！此孔子所以有川上之嘆也。此即物觀之而已。即理以觀之，則流者未嘗流，逝者未嘗逝。

子曰：「吾未見好德如好色者也。」

❶「風」下，上圖抄本有「之起」二字。
❷「頌」下，上圖抄本有「之亂」二字。

子曰：「譬如爲山，未成一簣，止，吾止也。譬如平地，雖覆一簣，進，吾往也。」

爲譬則學也，地譬則性也。因性以爲學，亦猶因地以爲山，山幾成而敗，則功雖多而志不足，故曰「吾止也」。爲山也，未成而進，則功不多而志有餘，故曰「吾往也」。《書》曰：「爲山九仞，功虧一簣。」《春秋傳》曰：「君子惡惡也疾始，而善善也樂終。」爲善有始而鮮終，❶豈君子所樂哉？此孔子所以惡冉求之畫而與童子之進也。孟子曰：「掘井九軔而不及泉，猶爲棄井。」又曰：「仁亦在熟之而已。」苟爲不熟，不如荑稗。」荀卿曰：「由垤而進，吾與也；由丘而止，吾已矣。自發一矢，不足以爲善射；千里之行，一步不至，不足以爲善馬。」與此同意。

子曰：「語之而不惰者，其回也與！」

上士聞道，勤而行之；中士聞道，若存若亡。回語之而不惰，勤而行之者也；餘則語之而惰，若存若亡者也。蓋於孔子之言無所不悦，故能不惰。彼予之晝寢，求之自畫，賜之願息，其能無所不悦哉！夫子所以獨稱回也，於語則不惰，於言則不違，惟不惰所以能潛心，惟不違所以能具體。《記》有曰「得一善，則拳拳服膺而勿失之」，不惰之説也。莊子曰「回坐忘矣」，蓋不違之説也。

子謂顔淵，曰：「惜乎！吾見其進也，未見其止也。」

如有所立，其進也；欲罷不能，未見其止也。使回不死，而充其庶幾之資，則其爲聖也何有？《記》

❶「鮮」，上圖抄本作「無」。

曰：「向道而行，中道而廢，忘身之老也，不知年數之不足也。俛焉日有孳孳，斃而後已。」回之謂歟！

子曰：「苗而不秀者有矣夫！秀而不實者有矣夫！」❶

《詩》稱「種之黃茂」而至於「實發實秀」，苗而秀者也；「實發實秀」至於「實穎實栗」，秀而實者也。古之人以學譬實，以善譬穀。則苗者可欲之善，興之之時也；秀者有諸己之信，立之之時也；實者充實之美，成之之時也。管子曰：「夫方其始也，眗眗乎何其孺子也！其壯也，莊莊乎何其士也！其成也，由由乎何其君子也！」眗眗者，苗也；莊莊者，秀也；由由者，實也。孔子之時，學者多止而不知君子也，「苗而不秀者有矣夫！秀而不實者有矣夫！」

子曰：「後生可畏，焉知來者之不如今也！四十、五十而無聞焉，斯亦不足畏也已。」

子曰：「年四十而見惡焉，其終也已。」曾子曰：「年三十、四十之間而無藝，則無藝矣；五十而不以善聞，則不聞矣。」

子曰：「法語之言，能無從乎？改之爲貴。巽與之言，能無説乎？繹之爲貴。説而不繹，從而不改，吾末如之何也已矣。」

人之性，莫不秉彝而好德；人之情，莫不好順而惡逆。以其秉彝而好德，故法語之言不能無從，然物或

❶ 「矣」，原作「以」，據上圖抄本、四庫底本改。

害之，患不能改，故改之爲美。❶以其好順而惡逆，故巽與之言不能不悅，然不以道，患不能繹，故繹之爲貴。昔惠王於孟子之言亦曰「仁義而已」，是法語之言，不能無從而不改；幽王於聽言則對，誦言如醉，是巽與之言，不能無悅也。然説而不繹，❷此惠王所以終於不仁，幽王所以終於無道也。孔子所謂「訓恪人言」，法語之言也；伊尹所謂「有言遜于女志」，巽與之言也。

子曰：「主忠信，毋友不如己者，過則勿憚改。」重出而逸其半。

子曰：「三軍可奪帥也，匹夫不可奪志也。」

三軍之所恃者，帥也；匹夫之可守者，❸志也。以匹夫視三軍，不若三軍之衆；以帥視志，不若志之固。故曰「三軍可奪，匹夫不可奪」。蓋見善明然後用心剛，用心剛則心之所之者，其鋭不可挫，其固不可攻，❹此所以可親而不可刼，可近而不可迫，可殺而不可辱也。夫以死生之大猶不得與變，又況窮通之小者乎？故首陽之飢不能降伯夷之志，齊之卿相不能動孟子之心，此《儒行》所謂「身可危而志不可奪」。孟子曰：「志，氣之帥也。」氣之帥本諸天，三軍之帥本諸人。本諸人者易奪，本諸天者難奪，此士

❶「美」，上圖抄本作「貴」。
❷「説」，原無，據上圖抄本補。
❸「可」，上圖抄本作「所」。
❹「攻」，上圖抄本作「傾」。

所以貴尚其志也。《禮》曰：「言有物而行有格也。」是以生則不可奪志，死則不可奪名。

子曰：「衣敝緼袍，與衣狐貉者立，而不恥者，其由也與？『不忮不求，何用不臧？』」子路終身誦之。子曰：「是道也，何足以臧？」

勇或失於忮，貧或失於貪求。勇而不忮，貧而不貪，唯子路能之。蓋懲忿則不忮，窒慾則不求。不忮者可以爲仁，而仁不止於不忮；不求者可以爲義，而義不止於不求。不忮不求，子路終身誦之，孔子抑之曰：「是道也，何足以臧？」以言是道可以爲善而非成乎善者也。❶孟子曰：「人能充無欲害人之心，而仁不可勝用；人能充無穿窬之心，而義不可勝用。」是仁義之道，始於不忮不求而已。

子曰：「歲寒，然後知松柏之後彫也。」

歲不寒不足以知松柏，事不難不足以見君子。莊子曰：「受命於道，❷唯松柏獨也。」❸又曰：「天寒既至，霜露既降，然後知松柏之茂也。」《禮》曰：「若松柏之有心，貫四時而不改柯易葉。」此所以譬君子之操也。老子曰：「六親不和有孝慈，國家昏亂有忠臣。」《傳》曰：「疾風知勁草，亂世識忠臣。」與此同意。

---

❶「以言是道」，原作「是善」，據上圖抄本改。

❷「道」，《莊子》作「地」。

❸「也」下，上圖抄本有「在冬下青青」五字，《莊子》「下」作「夏」。

子曰：「知者不惑，仁者不憂，勇者不懼。」

知者自知，不爲物蔽，故不惑；仁者自得，不爲物役，故不憂；勇者自强，不爲物暴，故不懼。知者不惑，亦有時而惑，《易》曰「或躍在淵」是也；❶仁者不憂，亦有時而憂，莊子曰「仁人多憂」是也；勇者不懼，亦有時而懼，孔子曰「臨事而懼」是也。此與《中庸》言「知仁勇者，學之序也」，《憲問篇》言「仁智勇者，道之序也」，《禮運》言「知仁勇者，用人之序也」，經傳所言皆先智而後勇。《書》曰「天乃錫王勇智」，《禮》曰「以賢勇者興事立功」，蓋以勇爲主故也。

子曰：「可與共學，未可與適道；可與適道，未可與立；可與立，未可與權。」

「唐棣之華，偏其反而。豈不爾思？室是遠而。」子曰：「未之思也，夫何遠之有？」

子游、子夏得其學，故可與共學，未得其所以學，故未可與適道。宰我、子貢得其言，故可與適道，未得其所以言，故未可與立。顏回、閔子得其行，故可與立，未得其所以行，故未可與權，可與權者聖人而已。揚子曰：「聖人固多變也。」「唐棣」則喻權之用，「室」則喻權之道，權者反而後合，故曰：「唐棣之華，偏其反而。」不知返者視邇以爲遠，故曰：「豈不爾思？室是遠而。」孔子曰：「未之思也，夫何遠之有？」以言權者性之所固有，❷求諸己而已。

❶「躍」，上圖抄本、四庫底本作「懼」，館臣籤云「躍誤懼，宜改」。

❷「有」上，上圖抄本有「在」字。

鄉黨第十

孔子於鄉黨，恂恂如也，似不能言者。❶其在宗廟朝廷，便便言，唯謹爾。

道與之才，聖人達之以爲藝；道與之貌，聖人達之以爲儀。前言執射執御，❷聖人之藝也；此言鄉黨之禮，聖人之儀也。然聖人之行禮，不以居家者施之鄉，不以居鄉者施之朝，故於燕居則申申，於鄉黨則恂恂，於朝廟則便便，凡皆異之以稱物，同之以平施而已。恂恂，德性之謂也；便便，辨治之謂也。鄉黨貴德信則遜而無所辨，故「似不能言」；朝廟貴辨而不可不敬，故曰「便便唯謹」。《周禮》司徒教民以孝友睦婣，而繼之以任恤，此鄉黨貴德信者也。《禮記》言「朝極辨」，此朝廷貴辨治者也。子入太廟，每事問，《周禮》禁慢朝錯立族談者，孟子謂「朝廷不歷位而相與言」，《禮》曰「在朝言朝」，此「便便言，唯謹爾」也。《禮》言庶子在宗廟之中如在外朝之位，此言夫子在宗廟朝廷，皆「便便言，唯謹爾」者也。宗廟朝廷之禮，一也。以孔子觀之，「色勃如，足躩如，入君之門則鞠躬如不容，執君之圭則鞠躬如不勝」，與上大夫言則誾誾，與下大夫言則侃侃，動容周旋無不中禮，則禮之爲用可知矣。《詩》云：「攝以威

---

❶「者」，四庫底本無此字，館臣沈孫瑾籤云「似不能言下，據監本應增者字」。

❷「御」下，上圖抄本有「與多能」三字。

儀，威儀孔時。」此之謂歟！

朝，與下大夫言，侃侃如也；與上大夫言，誾誾如也。君在，踧踖如也，與與如也。

侃侃，和也；誾誾，敬也；踧踖，則恭而安；與與，則有相與之意。下交不瀆，故與下大夫言侃侃如；上交不諂，故與上大夫言誾誾如。恭而失相與之意則不親，有相與之意而不恭則不敬。君在，踧踖如也，尊之也；與與如也，親之也。閔子侍側，誾誾如也；冉有、子貢，侃侃如也。閔子以孔子交乎上者侍孔子，冉有、子貢以孔子交乎下者侍孔子，此三子之賢所以不同也。《詩》曰：「執爨踖踖，我黍與與。」則「踖踖」者，安而不遽；「與與」者，相與之謂也。

君召使擯，色勃如也，足躩如也。揖所與立，左右手，衣前後，襜如也。趨進，翼如也。賓退，必復命曰：「賓不顧矣。」

朝聘之禮，主有擯，賓有介。公則擯五人，侯、伯四人，子、男三人。公則七介，侯、伯五介，子、男三介。擯有紹擯、有上擯，介有衆介。如此，然後命有所傳，情有所達，而不相瀆也。「君召使擯，色勃如也」，其容不特莊而已；「足躩如也」，其容不特重而已；「揖所與立，左右手，衣前後，襜如也」，其容不特恭而已。孟子稱齊王「勃然變乎色」，《易》以矍矍爲之不安，則勃如，色之變也，躩如，足之不定也。夫擯進則揖遜，退則不顧。揖遜者，難進也；不顧者，易退也。《聘禮》、《公食大夫禮》公既拜送，然後言「賓不顧」，皆擯者復命之辭。《周官・掌訝》「詔其位，入復，及退，如之」，❶退亦入復，所謂「賓退，必復

❶「訝」，上圖抄本、四庫底本作「謝」，纂修盧遂籖云「謝應作訝，據《周官》改」。

命」也。

入公門，鞠躬如也，如不容。立不中門，行不履閾。過位，色勃如也，足躩如也，其言似不足者。攝齊升堂，鞠躬如也，屏氣似不息者。出，降一等，逞顏色，怡怡如也。没階，趨進，翼如也。復其位，踧踖如也。

執圭，鞠躬如也，如不勝。上如揖，下如授。勃如戰色，足蹜蹜如有循。

立中門則嫌於自尊，行履閾則嫌於自高。過位，過君之位也。勃如戰色，如戰陣之色也。足蹜蹜如有循，旁緣而有循也。《禮》曰：「士大夫出入君門，❶由闑右，不履閾。」❷「立不中門，行不履閾」之謂也。又曰：「執主器，執輕如不克。執玉器，❸操幣、圭、璧，行不舉足。」「如不勝」之謂也。《玉藻》曰：「執龜玉，舉前曳踵，蹜蹜如也。」《儀禮》曰：「執玉者惟周舒，❹武，舉前曳踵。」「足蹜蹜如有循」之謂也。入公門如升堂，如執圭，故皆曰「鞠躬如也」。過位如使擯，故皆曰「色勃如也，足躩如也」。復其位如君在，故皆曰「踧踖如也」。没階，趨，亦如君召使擯，故皆曰「趨進，翼如也」。非夫動容周旋、盛德中禮之至者，誰能至此！

---

❶ 「士大夫」，《禮記》作「大夫士」。

❷ 「履」，《禮記》作「踐」。

❸ 「玉」，《禮記》作「主」。

❹ 「惟」上，《儀禮》有「則」字。「周」，《儀禮》無此字。

享禮，有容色。私覿，愉愉如也。

享，致其禮；私覿，致其情。致其禮則尚敬，致其情則尚和，故「愉愉如也」。《禮記》言：「賓私覿私面，致饔餼，還圭璋。」《周禮·司儀》言：「私面私獻。」《春秋傳》曰楚公子棄疾見鄭伯，❶以其良馬私面，則私覿固有獻矣。蓋言享則知私覿之爲獻，言私覿則知享之爲公，互相備也。然使而私覿則禮也，覲而私覿則非禮也。故《禮記》曰：「朝覲，大夫之私覿，非禮也。」

君子不以紺緅飾，紅紫不以爲褻服。當暑，袗絺綌，必表而出之。

色未及緇爲緅，色過於緇爲紺。《考工記·鍾氏》五入爲緅，是未及緇也。《列子》曰：「以涅染紺而緇於涅。」是紺過於緇也。火克金爲紅，南方之間色，其義則陽侵陰；水克火爲紫，北方之間色，其義則陰侵陽。君子不以紺，爲其近齊服也；不以緅，爲其近練服也；不以紅紫爲褻服，爲其非正色也。不以爲飾，則不以爲衣可知；不以爲褻服，則不以爲正服可知。當暑，袗絺綌，不入公門，必表而出之，《詩》所謂「蒙彼縐絺」是也。《曲禮》、《玉藻》皆言「袗絺綌，不入公門」，此衆人之禮也。孔子袗絺綌必表而出，非特不入公門而已。

緇衣，羔裘；素衣，麑裘；黄衣，狐裘。

《禮記》曰：「麑裘素衣以裼之，羔裘緇衣以裼之，狐裘黄衣以裼之。」則緇衣羔裘、素衣麑裘、黄衣狐裘

---

❶「楚」，上圖抄本、四庫底本作「是」，館臣籤云「是公子，是宜改楚」。

者稱其色以裼之也。羔之色黑，其性則群而有禮；麑之色白，其性則弱而善愛；狐之色黄，其性則黄而多正。緇所以象道，素所以象義，黄在坤象方物。朝廷者，道與禮之所自出，故於緇衣羔裘爲朝服；喪則仁義之盡，故以素衣麑裘爲喪服；蜡所以息老物，故以黄衣狐裘爲蜡服。此皆色之純者也。然有所不必純，則純者所以相稱，其不純者所以相成。故《記》曰：「狐白裘，錦裼之；狐青裘，玄裼之。」褻裘長，短右袂。必有寢衣，長一身有半。

天不足西北，故人之右目不如左明；地不滿東南，故人之手足右强。右强則有利於用，故右短袂以便作事。正裘所以行有禮，故不長。褻裘取温，故長。

狐貉之厚以居。

先王之制，衣服有以成德者，有以稱德者，成德者外成乎内，稱德者外稱乎内。孔子曰：「衰麻苴杖者，志不存乎樂，非耳勿聞，服使然也。黼黻衮冕者，容不褻慢，非性矜莊，服使然也。介胄執戈者，無退懦之氣，非體絶猛，服故也。」此以外成乎内也。莊子曰：「冠圜冠者知天時，履勾履者知地形，緩佩玦者事至而斷。」此以外稱乎内也。狐之性善疑而戒，貉之性善明而静，居則戒於外而静於内，故裘必以狐貉，取温而已，故必厚。《詩》曰：「一之日于貉，取彼狐狸，爲公子裘。」豳民以貉爲裘，以狐狸爲公子裘。是狐裘美於貉矣，故先狐後貉。

去喪，無所不佩。

佩所以致飾，喪則去飾矣。故去而不佩，❶去喪，無所不佩，《禮》曰「君子無故，玉不去身。凡帶必有佩玉，惟喪否」是也。昔石駘仲卒，卜所以爲後者，石祁子不沐浴佩玉而兆，若祁子，可謂知禮矣。然是禮也，非必終喪然也。《禮》曰：「禫而纖，無所不佩。」

非帷裳，必殺之。羔裘玄冠不以弔。

《詩》曰「漸車帷裳」，則帷裳者，《周禮・巾車》所謂「華蓋」是也。羔裘，朝服也；玄冠，祭服也。季桓子死，魯大夫朝服而弔，孔子曰：「始死，羔裘玄冠者易之而已。」蓋始死，主人未變服，則羔裘玄冠可也。及小斂，則主人變服，羔裘玄冠以弔，非禮也。子游裼裘而弔，魯子始譏，而後是之，然則魯子之知禮，其知子游之後乎？朝服言裘不言冠，❷祭服言冠不言裘，互相備也。

吉月，必朝服而朝。

《周禮》言正月之吉，《詩》言二月初吉，朔月謂之吉者，明生之幾故也。魯自文公始廢告朔之禮，孔子吉月猶必朝服而朝，所以存禮也。《周官》設璧羨以起度，孔子不去餼羊以存告朔，孟子不毀明堂以存王政，皆救世之苦心也。孔子吉月之朝，知者以爲存禮，不知者以爲諂也。

齊，必有明衣，布。齊必變食，

---

❶「去而」，上圖抄本作「居喪」。

❷「言裘不言冠」，上圖抄本、四庫底本無此五字，爲館臣所補。

齊所以致精明之德於內，而防其邪物於外，故不御於內，不聽樂，不弔，不賓，不飲酒，不膳葷。喪者、凶者則不見，苟慮、苟動則不聞，然後可交於神明，此所以必有明衣與變食也。謂之明衣，以致其精明之德也。布，以其有齊素之心也。變食與《周禮》「王齊日三舉」同意。然此第祭祀之齊，非心齊也，心齊則致虛而已，何物之能累者哉！《士喪禮》亦有明衣，蓋君子齊終之意也。

居必遷坐。

久立傷骨，久行傷筋，久卧傷氣，久坐傷肉，久視傷血。居必遷坐，非久坐也。

食不厭精，膾不厭細。食饐而餲。魚餒而肉敗，不食。色惡，不食。臭惡，不食。失飪，不食。不時，不食。割不正，不食。不得其醬，不食。肉雖多，不使勝食氣。惟酒無量，不及亂。沽酒市脯不食。不撤薑食，不多食。祭於公，不宿肉。祭肉不出三日，出三日，不食之矣。

飲食所以存生，亦所以害生；所以養形，亦所以累形。爲其有以累形，故不恥惡衣惡食；爲其有以害生，故食不厭精。夫肉曰敗，魚曰餒，敗則外腐，餒則中潰。色惡，色之變也；臭惡，氣之變也。然臭惡不特氣之變而已，若牛庮、羊羶、犬臊、鳥貍、豕腥、馬螻之類，皆是也。《禮》曰：「天不生，地不養，君子不以爲禮，鬼神勿嚮也。」❶又曰：「五穀不時，穀實未熟，不粥於市。」召信臣曰：「不時之物有傷於人，

❶「嚮」，《禮記・禮器》作「饗」。

不宜以奉供養。」❶漢之鄧后亦禁不時之物，此之謂「不時，不食」也。《禮》曰：「骨有貴賤，貴者取貴骨，賤者取賤骨。」此所以「割不正，不食」也。蓋不時不食，不可食也；割不正不食，不安食也。神農氏曰：「醬除熱不煩，薑去臭通神。」不得其醬不食，《禮》所謂魚膾芥醬、麋腥醯醬之類是也。❷不撤薑食，《禮》所謂「飲食必有草木之滋」是也。夫天産養精，所以作陰德；地産養形，所以作陽德。不以作陰德者勝陽德，故曰：「肉雖多，不使勝食氣。」惟酒無量，如酌孔取是也。不及亂，不爲酒困是也。不多食，節飲食是也。❸

食不語，寢不言。雖蔬食菜羹，瓜祭，必齊如也。

席不正，不坐。鄉人飲酒，杖者出，斯出矣。

直言曰言，論難曰語。食不語者必不言，寢不言者不必不語。君子不以菲廢禮，故雖蔬食菜羹，瓜祭，必齊如也。席之所向非所向，所止非所止，非理也，❹故「席不正，不坐」。疾行先長，謂之不弟，徐行後長，謂之弟，故「鄉人飲酒，杖者出，斯出矣」。

---

❶「宜」，上圖抄本、四庫底本作「一且」，纂修盧遂籤云「一且二字係宜字誤，據《漢書》改」。

❷「醢」，上圖抄本、四庫底本作「醻」，纂修盧遂籤云「醢誤醻，據《禮記》改」。

❸「節」上，上圖抄本有「君子」二字。

❹「理」，上圖抄本作「禮」。

鄉人儺，朝服而立於阼階。

孝莫大於寧親，寧親莫大於寧神。鄉人儺則神有所不寧，故朝服立於阼階，所以寧之也。此與《方相氏》、《月令》皆曰儺，《郊特牲》則曰裼。裼者，即謂之儺。以狂夫爲之，狂則陽過之疾者也。以陽勝陰，則謂之裼；去其爲難者，則謂之儺，其實一也。《方相氏》以時儺者，占夢季冬，今始儺，則所謂時儺者，季冬而已。蓋冬者萬物歸根之時，先王因其歸根之時而爲之敺贈之禮，故占夢季冬，贈吉夢，去惡夢，男巫冬堂贈，則儺於是時也宜矣。《月令》仲春秋皆有儺，非周制也。

問人於他邦，再拜而送之。

康子饋藥，拜而受之。曰：「丘未達，不敢嘗。」

廐焚。子退朝，曰：「傷人乎？」不問馬。

饋藥而不敢嘗，慎疾故也；廐焚，不問馬，重人故也。《傳》曰國廐焚，子退朝而之火所，鄉人有爲火來者，蓋問人曰仁也，拜之者禮也。昔魯桓僖廟災，救火者皆曰顧府。南宫敬叔至，命周人出御書；子服景伯至，命宰人出禮書；公父文伯至，命校人駕乘車；季桓子至，命救火者傷人則止，❶財可爲也，命藏象魏；富父槐至，去表之槀。其所命不同，要急於重人而已，而書次傳命駕車與顧府者其異乎？夫子之問人不問馬也，蓋亦遠矣。

❶「火」，原作「化」，據上圖抄本及《左傳》哀公三年「命救火者傷人則止」改。

君賜食，必正席先嘗之。君賜腥，必熟而薦之。君賜生，必畜之。侍食於君，君祭，先飯。疾，君視之，東首，加朝服，拖紳。

君賜食，必正席先嘗之，敬君惠也；君賜腥，必熟而薦之，榮君惠也；君賜生，必畜之，仁君惠也。《禮》曰「侍食於君子，先飯而後已」，又曰「侍食於先生，異爵者，後祭先飯」。夫於先生、君子其敬尚如此，況侍於君側乎！此《禮》所以言「君客之，則先飯，辨嘗羞，飲而俟」也。《禮》曰：「君有疾，飲藥，臣先嘗之；親有疾，飲藥，子先嘗之。」亦嘗食之意也。古者於爨則祭先炊，於田則祭田祖，於樂則祭樂祖，於開龜則祭先卜，於養老則祭先老，於學則祭先聖先師，於馬則祭馬祖先牧，於射則祭侯，於駕則祭車，以至師田有禡，飲食有祭，皆所以不忘本也。君之祭，仁也，而禮存焉；臣之先飯，禮也，而仁存焉。

君命召，不俟駕行矣。

「父命呼，唯而不諾，手執業則投之，食在口則吐之，走而勿趨。」爲人臣者，「資於事父以事君而敬同」。此所以不俟駕也。《詩》云：「顛之倒之，自公召之。」《禮》曰：「在官不視履，在外不俟車。」荀卿曰：「諸侯召，不俟駕而走，禮也。」然當其爲臣則可召，當其爲師則不可召，可召而不遄往則非禮，不可召而往焉則非義。孔子不俟駕，孟子辭以疾者，以此。

入太廟，每事問。重出。

朋友死，無所歸，曰：「於我殯。」

子夏問曰：「客至，無所舍。」夫子曰：「於我乎館。」「客死，無所殯。」夫子曰：「於我乎殯。」「禮與仁與？」子曰：「仁者制禮。」蓋禮非仁不立，仁非禮不行。生，於我乎館，禮也，而仁存焉；死，於我乎殯，仁也，而禮亦存焉。

朋友之饋，雖車馬，非祭肉，不拜。

車馬雖重，爲禮輕；祭肉雖輕，爲禮重：故「朋友之賜，雖車馬，非祭肉，不拜」。若夫於君賜車馬，乘以拜；賜衣服，服以拜；賜酒肉，之賜必再拜，則無所不拜矣。

寢不尸，居不容。見齊衰者，雖狎，必變。見冕者與瞽者，雖褻，必以貌。凶服者式之。式負版者。

素相親近者爲狎，齊衰者雖與之狎，近，變其色，所以哀有喪也。數相見面者爲褻，冕與瞽者雖與之褻，見，必盡其禮，所以致其敬也。凶服者不但齊衰而已，孔子過泰山側有婦人哭而哀，式而聽之，式凶服也。《周官》之法，生齒以上書於版，則版，民數也。孔子式負版者，重民數也。觀司寇之登民數，以王之尊猶拜而受之，以冢宰之貴猶式之而已，孔子之式，不亦宜乎！

有盛饌，必變色而作。迅雷風烈必變。

食至，起則不必變色，有盛饌則變色而作，孔子曰「主人不以禮，客不敢盡禮。主人既盡禮，客亦不敢不盡禮」者也。《禮》曰：「有疾風、迅雷、甚雨則必變，雖夜亦必興，服衣冠而坐。」《詩》曰：「敬天之怒，無敢戲豫。敬天之渝，無敢馳驅。」皆恐懼修省之意也。

升車，必正立，執綏。車中不內顧，不疾言，不親指。

升車，執綏，不親指，手不失儀也；不內顧，首不失儀也；不疾言，口不失儀也。《周官》「道右」所謂車儀者，此也。然《禮記》言「不廣欬，不妄指，顧不過轂」，此言「不内顧，不疾言，不親指」者，不廣欬不必不疾言，不疾言不特不廣欬而已；不妄指不必不親指，不親指不特不妄指而已；顧不過轂不必不内顧，不内顧不特不過轂而已。《論語》言孔子爲人臣之禮，故其禮特過於嚴；《記》言爲人君之事，故其禮不妨於稍寬。

色斯舉矣，翔而後集。曰：「山梁雌雉，時哉時哉！」子路共之，三嗅而作。

衛靈公望鴈，色不在焉，而孔子遂行，❶此所謂「色斯舉矣」。孔子曰：「鳥能擇木，木豈能擇鳥？」❷此之謂「翔而後集」也。色斯舉矣，易退也；翔而後集，難進也。「色斯舉矣，翔而後集」者，臣之道也，故以雌雉繼焉。雌雉之爲物，其别有倫，禮也；其交有時，義也。君子出處以時，去就以道，亦若是焉而已。孔子嘆雌雉於山梁，亦此意也。他日子路共之，三嗅而作，其能識去就之宜也。共與《周禮》「共舉」之共同。

---

❶ 「孔」上，原衍「我」字，據上圖抄本删。

❷ 「豈」，四庫底本無此字，纂修盧遂籤云「木豈能擇鳥，據《左傳》添」。

論語全解卷六

先進第十一

子曰：「先進於禮樂，野人也；後進於禮樂，君子也。如用之，則吾從先進。」

時有先後，禮樂有文質。先進於禮樂，惟其實而文不足，故曰「野人」；後進於禮樂，惟其文而已，故曰「君子」。惟其文，則非躬行者也，故欲從先進以救之，以其矯枉以直，❶救時以正。❷孔子筮，得賁卦，其色愀然，與此同意。《論語》之言文質，有曰「從周」、「從先進」，有曰「彬彬」。❸「彬彬」者，道之中。「從周」、「從先進」者，時之中。❹《洪範》「三德」，其施於「燮强平康」，亦若是而已。

❶ 「矯枉以」下，上圖抄本有「曲然後」三字。
❷ 「救時以」下，上圖抄本有「偏然後」三字。
❸ 「彬彬」下，上圖抄本有「者」字。
❹ 「時之中」，上圖抄本作「中庸所謂時中者此也」。

子曰：「從我於陳、蔡者，皆不及門也。」德行：顔淵、閔子騫、冉伯牛、仲弓。言語：宰我、子貢。政事：冉有、季路。文學：子游、子夏。

子曰：「回也，非助我者也，於吾言無所不説。」

門者道之微，❶室者道之妙。自門以徂堂，入室之理也。由微以至妙，❷入道之序也。孔子之門，淵、騫之徒從之也久，造之也深，其上有至于在寢，其下有至于升堂，故列之四科。於陳、蔡者，則後其所從，皆不及門，孔子所以憫之也。夫德則成之以行，言則成之以語，政則成之以事，文則成之以學。德行所以行道，言語所以明道，政事則治人而已，文學則道學而已。由仲弓而上，則具體而微者也；由仲弓而下，則得其一體者也。其具體而微則同，其所以具體而微則異，故先顔、閔而後伯牛、仲弓。❸其得一體則同，而其所以得一體則異，故先言語而後政事、文學。《禮》曰「或以德進，或以事舉，或以言揚」，其序與此不同者，學道以言語爲優，取人以政事爲先也。子張之才與於四友，曾子之孝幾於德行，而四科不稱之者，蓋論四科之時，二子之才未成故也。夫以二子之才未成，猶不列於四科。❹彼許商

❶「微」，上圖抄本作「徼」。

❷「微」，上圖抄本作「徼」。

❸「伯」，四庫底本作「求」。「仲弓」，四庫底本無此二字，館臣籤云「而後求牛，求字誤，宜作而後伯牛仲弓」。

❹「於」，上圖抄本作「之」。

以四科論士，王莽以四科取士，不亦僞哉？

子曰：「孝哉，閔子騫！人不間於其父母昆弟之言。」

孝於德爲本，於行爲大。閔子騫盡孝之道，能和睦而無怨者也，故「人不間於其父母兄弟之言」。曾參之孝，特可語之以和睦無怨而已。故或告其殺人，而母疑之也。《亢倉子》曰：「閔子善事父母，交遊稱其信，鄉黨稱其仁，宗族稱其弟。」德行之人溢於天下，❶所以「人不間於其父母兄弟之言」也。

南容三復白圭，孔子以其兄之子妻之。

《傳》曰：「一言而非，駟馬勿追；❷一言而急，駟馬勿及。」故在天有卷舌之星，在周廟有金人之銘。是言者，榮辱之主，禍福之機，不可不慎也。南容誦《詩》，至白圭而三復，可謂能慎矣，此所以「邦無道，免於刑戮」。

季康子問：「弟子孰爲好學？」孔子對曰：「有顏回者好學，不幸短命死矣，今也則亡。」

君子之于天下，異之以稱物，同之以平施。與上大夫言，至于誾誾；與下大夫言，則侃侃而已。對君與

---

❶「人」，上圖抄本作「事」。

❷「勿」，上圖抄本作「弗」。下同。

大夫可以同之哉？故對哀公則詳，❶對康子則略。❷

顔淵死，顔路請子之車以爲之椁。子曰：「才不才，亦各言其子也。鯉也死，有棺而無椁。吾不徒行以爲之椁。以吾從大夫之後，不可徒行也。」

顔淵死。子曰：「噫！天喪予！天喪予！」

顔淵死，子哭之慟。從者曰：「子慟矣！」曰：「有慟乎？非夫人之爲慟而誰爲？」

顔淵死，門人欲厚葬之。子曰：「不可。」門人厚葬之。子曰：「回也，視予猶父也，予不得視猶子也。非我也，夫二三子也。」

君子之於人，不以義掩恩，不以恩掩義。以義掩恩，君子之所不忍；以恩掩義，君子之所不敢。顔淵死，而子哭之慟者，恩也。顔路請車以爲椁，而不與之，義也。孟子曰：「不得，不可以爲悦；無財，不可以爲悦。得之爲有財，古之人皆用之。」然則顔淵之貧，非所謂有財，其賤也，非所謂得之。此孔子所以不與之車，而以門人厚葬爲不可也。回之死，門人厚葬之，孔子以爲不可。孔子之死，門人以三代之禮葬之，君子不以爲非者，蓋有孔子之德，然後可葬以人所不可行之禮，❸若無其德，如孔子而亦可以

---

❶「對」上，上圖抄本有「其」字。

❷「康」上，上圖抄本有「季」字。

❸「葬」，上圖抄本作「執」。四庫底本作「机」，館臣籤云「可葬以人所不可行之禮」。

爲師者，門人厚葬之，則過矣。孔子曰「才不才，亦各言其子」，則與墨翟「愛無差等」異。曰「天喪予」，則與哀公「天祝予，天祝予」同。鯉之死先於顏淵，《史記》以顏淵之死先於鯉，妄矣。

季路問事鬼神。子曰：「未能事人，焉能事鬼？」「敢問死？」曰：「未知生，焉知死？」

善教者不陵節，善學者不躐等。子路問事鬼與知死，躐等也。孔子不告之，不陵節也。蓋盡事人之道則知事鬼，盡知生之理則可以知死。死生之説，鬼神之情狀，非夫原始要終，極物知變，孰與此哉？然子貢問死者之所知而不告，❶宰予問鬼神之名而告之。❷其不告與此同，❸其告與此異者，❹蓋所告者事鬼之事，❺不告者事鬼之道也。《易》以知死生先于鬼神，子路之問則先事鬼而後及知死者，❻蓋問事鬼而不可得，然後及於其次者。

閔子侍側，誾誾如也；子路，行行如也；冉有、子貢，侃侃如也。子樂：「若由也，不得其死然。」

老子曰：「柔弱者生之徒，剛强者死之徒。」周廟之銘曰：「强梁者不得其死，好勝者必遇其敵。」故子路

---

❶「而」下，上圖抄本有「孔子」二字。
❷「而」下，上圖抄本有「孔子」二字。
❸「告」下，上圖抄本有「子貢」二字。
❹「告」下，上圖抄本有「宰予」二字。
❺下「事」字下，上圖抄本有「也」字。
❻「及」，上圖抄本無此字。

之行行，孔子曰「若由也，不得其死然」，顔淵曰「力猛于德，而得其死者鮮矣」，然則子路之與盆成括有以異乎？曰：括不聞道而小有才，有必死之道；由聞道而不能法，有不得其死之道。有必死之道，不免爲小人；有不得其死之道，無害爲君子。

魯人爲長府。閔子騫曰：「仍舊貫，如之何？何必改作？」子曰：「夫人不言，言必有中。」

利不百者，不變法；功不十者，不易器。魯人爲長府，於利則不百，于功則不十，特傷財勞民而已。閔子所以言「仍舊貫，如之何？何必改作」也。「言必有中」，與孔子之言皆中時病者同一意。

子曰：「由之瑟奚爲于丘之門？」門人不敬子路。子曰：「由也升堂矣，未入於室也。」

孔子之意，❶欲子路之進於道也，則抑之；欲門人之知子路也，則又譽之。抑之者，仁也；譽之者，義也。

子貢問：「師與商也孰賢？」子曰：「師也過，商也不及。」曰：「然則師愈與？」子曰：「過猶不及。」

子曰「師也辟」，子游曰「吾友張也，爲難能也」，過也。子謂子夏曰「無爲小人儒」，子游曰：「子夏之門人小子，當洒掃、應對、進退，則可矣。抑末也，本之則無。如之何？」不及也。由世俗言之，則過優於不及；由禮義以觀之，則過猶不及而已。是故賢者過之，不肖者不及，而道之不明一也；智者過之，愚者不及，而道之不行一也。墨翟之「兼愛」，楊朱之「爲我」，其于害道一也；單豹之「養内」，張毅之「養

❶「之意」，上圖抄本無此二字。

外」，其于傷生一也。或失之多，或失之寡，皆學者之弊；或徐而甘，或疾而苦，皆輪人之患。華無實，實無華，皆不足以爲禮；事勝辭，辭勝事，皆不足以爲經。然則過與不及，豈相遠哉？《禮記》言子夏除喪而見，❶予之瑟，彈之而不成聲；子張除喪而見，予之瑟，彈之而成聲。夫子夏善哀于已三年之內，子張忘哀于才三年之際，❷則是商也過，師也不及，與此不同，何也？《孔子家語》、《毛氏詩傳》言子夏援琴，衎衎而樂；損援琴，切切而哀。蓋《家語》可信，❸而《記》可疑。

季氏富於周公，而求也爲之聚斂而附益之。子曰：「非吾徒也。小子鳴鼓而攻之可也。」

喻于義者，君子之事；喻于利者，小人之事。冉有學君子之道，而爲小人之事，故曰：「非吾徒也。小子鳴鼓而攻之可也。」夫隱惡而揚善者，孔子之心。鳴鼓而攻之者，孔子之所不得已也。《易·夬》「揚于王庭」，《周官》「戮而罰之」，皆「鳴鼓而攻之」之意也。《禮》曰：「百乘之家，不畜聚斂之臣。與其有聚斂之臣，寧有盜臣。」蓋聚斂之臣，倚法以削，而其害大；盜臣取非其有，而其害小。其害大者，孟子以爲民賊；其害小者，《周官》以爲邦盜而已。由此觀之，則冉求之見惡於孔子宜矣。然對季康子之問從政則取之，此則攻之，何也？君子之于人，不以所短廢所長，亦不以所長蔽所短。其取之者，仁也；

❶「見」，四庫底本作「祭」，館臣籤云「見誤祭，宜改」。
❷「際」，上圖抄本作「後」。
❸「可」上，上圖抄本有「詩傳爲」三字。

其攻之者，義也。孔子不以管仲不知禮爲不仁，亦不以管仲之仁爲知禮。《春秋》不以僖公之有頌而隱其非，不以《春秋》之有貶而没其美，亦猶是也。

柴也愚，參也魯，師也辟，由也喭。

子曰：「回也其庶乎，屢空。賜不受命，而貨殖焉，億則屢中。」

愚則不智，魯則不中，喭則不怯。子路使子羔爲費宰，孔子以爲賊夫人之子，及爲成宰，犯人之禾而不庚，此柴之愚也。以子游裼裘而弔爲禮，以孔子死欲速朽、喪欲速貧之言爲是，此參之魯也。子貢仕于魯，廢著鬻財於齊、魯之間，此貨殖者也。邾子執玉，高其容仰；定公執玉，❶卑其容俯。子貢視之以爲皆死焉，此「億則屢中」者也。貨殖不受命，不足爲知天；屢中，不足爲知人。❷惟回之屢空爲庶，以其安命故也。蓋柴、師、參、由蔽於性，求、賜累於物，惟回則不然，❸此所以爲庶也。

子張問善人之道。子曰：「不踐迹，亦不入於室。」

子曰：「論篤是與，君子者乎？色莊者乎？」

所存者在心，所行者在迹。心過於迹，則於君子爲有餘；迹過於心，則於善人爲不足。蓋善人之道，未

---

❶「定」，上圖抄本、四庫底本作「隱」，《四庫全書考證》卷十八：「原本定訛隱，據《左傳》改。」

❷「足」，四庫底本作「知」，館臣籤云「不知爲知人，上知字誤，以文義觀之宜改足字」。

❸「則不然」，上圖抄本作「於性無所蔽，於物無所累」。

能有諸己者也。未能有諸己，則必以心踐迹，然後能入於室。子張禹行舜趨，夷考其行而不掩迹焉，不踐迹者也，故答之以「不踐迹，❶亦不入於室」。然又曰：「論篤是與，君子者乎？色莊者乎？」謂躬行君子則善矣，色莊則不足於善。論不篤者，以色莊爲善人。論篤者，則與君子而已。子張能莊而不能誠，故告之如此。《易》曰：「元者，善之長。」君子體仁足以長人，❷是善者仁之體，仁者善之用。子張未足於善人，則其難與並爲仁也固矣。

子路問：「聞斯行諸？」子曰：「有父兄在，如之何其聞斯行之？」冉有問：「聞斯行諸？」子曰：「聞斯行之。」公西華曰：「由也問聞斯行諸，子曰『有父兄在』；求也問聞斯行諸，子曰『聞斯行之』。赤也惑，敢問。」子曰：「求也退，故進之。由也兼人，故退之。」

善醫者之於人，補其不足，損其有餘；善教者之於人，長其善，救其失。此所以於「求也退，故進之。由也兼人，故退之」也。爲人子者，無私喜，無私怒。出必告，反必面。不有其身，不私財，❸不私其食饗，不擅於稅入。有父兄在，聞斯行諸，其亦可乎？曰告於父兄，禮也；聞斯行諸，義也。昔舜之娶，君子以爲猶告，則聞斯行諸，君子有時爲之矣。《易》曰「過其祖」是也。蓋由之有聞，未之能行，惟恐有聞，

---

❶「答」，上圖抄本作「對」。
❷「人」，上圖抄本作「仁」。
❸「私」下，上圖抄本有「其」字。

故教之以禮，而抑其過。求悅夫子之道，以力不足而自畫，故教之以義，而勉其不及。若夫道無二子之蔽，則行禮以義，守義以禮，惟其當而已。

子畏於匡，顔淵後。子曰：「吾以女爲死矣。」曰：「子在，回何敢死？」

弟之於師，猶臣之于君。臣之于君，君在與在，君亡與亡，故回曰「子在，回何敢死」。《傳》曰：「死者非難，處死者難。」若回可謂知處死矣。衛君之難，❶孔子於柴知其來，於由知其死。及匡之難，孔子於回則疑之，何也？君子之善死，義也；或不免焉，命也。義固可知，而不可必；命則難諶，而不可知。孔子之於匡，畏所不可不畏；❷於顔淵也，疑所不可不疑。❸

季子然問：「仲由、冉求可謂大臣與？」子曰：「吾以子爲異之問，曾由與求之問。所謂大臣者，以道事君，不可則止。今由與求也，可謂具臣矣。」曰：「然則從之者與？」子曰：「弑父與君，亦不從也。」

大臣事君以道，具臣事君以才。事君以道，故能致君於堯舜之隆，措世于禮樂之盛，及其不可則止而已。事君以才，則智足以効一官，能足以効一職，及其不可則從之而已。仲由足於果，不足於藝。冉求足於藝，不足於果。季氏旅于泰山而不能救，伐顓臾而不能諫，而又不能致之而去，是備位者也，故曰

---

❶「衛」上，上圖抄本有「曰」字。

❷「畏所」，上圖抄本作「以人之所畏」。

❸「疑所」，上圖抄本作「以人之所疑」。

「具臣」。然弑父與君而從之，則孟子所謂「亂臣」者也。由、求于大臣則不能，于姦臣則不爲，故曰「弑父與君亦不從也」。齊、魯二生，漢召之而不至，且曰「禮樂必百年而後興」，是待天下以不仁也，揚子謂之大臣過矣。

子路使子羔爲費宰。子曰：「賊夫人之子。」子路曰：「有民人焉，有社稷焉，何必讀書，然後爲學？」子曰：「是故惡夫佞者。」

聞學而後從政，未聞以政學者也。故先人民、社稷而學之，則事至而辨；後人民、社稷而學之，則莅事煩矣。孔子喜開、點之不願仕，而惡子路以子羔爲費宰，則學其可忽哉？夫有才而不聞道，猶足以殺身，則不學而仕者不能無害，故曰「賊夫人之子」。子産論尹何爲邑，亦猶是也。

子路、曾皙、冉有、公西華侍坐。子曰：「以吾一日長乎爾，毋吾以也。居則曰：『不吾知也！』如或知爾，則何以哉？」子路率爾而對曰：「千乘之國，攝乎大國之間，加之以師旅，因之以饑饉，由也爲之，比及三年，可使有勇，且知方也。」夫子哂之。「求！爾何如？」對曰：「方六七十，如五六十，求也爲之，比及三年，可使足民。如其禮樂，以俟君子。」「赤！爾何如？」對曰：「非曰能之，願學焉。宗廟之事，如會同，端章甫，願爲小相焉。」「點！爾何如？」鼓瑟希，鏗爾，舍瑟而作，對曰：「異乎三子者之撰。」子曰：「何傷乎？亦各言其志也。」曰：「暮春者，春服既成，冠者五六人，童子六七人，浴乎沂，風乎舞雩，詠而歸。」夫子喟然嘆曰：「吾與點也！」三子者出，曾皙後。曾皙曰：「夫三子者之言何如？」子曰：「亦各言其志也已矣。」曰：「夫子何哂由也？」曰：「爲國以禮，其言不讓，是故哂之。」「唯求則非邦也與？」「安見方六七十，如五六十而非邦也者？」「唯赤則非邦也與？」「宗廟會同，非諸侯而何？赤也爲之小，孰能爲之大？」

加以師旅，因以饑饉，❶則困于力，而救死不暇矣。困于力，則不能勇；救死不暇，則不知爲善。由也，於不知爲善者則方之，比及三年，則能拯已困之民，置之安强之地。故不能勇者斯有勇，不知爲善者斯知方，此果之效也。足民者，治之始；禮樂者，治之終。❷求雖不足于禮樂，而使足民，此藝之效也。由能勇而不知遜，求、赤知遜而不知道。若點，可謂知道矣，故有志于學，無志於仕，而孔子與之也。孔子無君則皇皇，出疆必載質，未嘗不急於仕也。點無志於仕，孔子與之，可耶？君子之於道，有餘不可以不應，不足不可以不求。子有餘而急於應，點不足而急于求，此所以爲孔子、曾點也。

顔淵第十二

顔淵問仁。子曰：「克己復禮爲仁。一日克己復禮，天下歸仁焉。爲仁由己，而由人乎哉？」顔淵曰：「請問其目。」子曰：「非禮勿視，非禮勿聽，非禮勿言，非禮勿動。」顔淵曰：「回雖不敏，請事斯語矣。」

❶「因」下，上圖抄本有「之」字。

❷「終」，上圖抄本作「成」。

己，物之敵也，勝己之私謂之克；禮，性所有也，克己而趨焉謂之復。蓋不遠之復，令于修身，故復禮本於克己。克己則能仁，復禮則能克。「一日克己復禮，天下歸仁焉」，則不在久矣。爲仁由己，則不在外矣。爲仁由己，故不可以不克己。非禮勿視、勿聽、勿言、勿動，故不可以不復禮。孔子曰：「人而不仁，如禮何？」《禮》曰：「道德仁義，非禮不成。」是禮以仁而後復，仁以禮而後成。顔淵嘗曰「約我以禮」，蓋所以成其心也。❶然克己未至於無我，復禮未至於中禮，此回所以止于殆庶也。今夫水性無人，火性無我。無人未離乎有我，而於五藏爲精，精則爲賢人。無我則不特無人而已，故于五藏爲神，神則爲聖人。回之克己，孔子之無我，如此而已。

仲弓問仁。子曰：「出門如見大賓，使民如承大祭。己所不欲，勿施於人。在邦無怨，在家無怨。」仲弓曰：「雍雖不敏，請事斯語矣。」

司馬牛問仁。子曰：「仁者其言也訒。」曰：「其言也訒，斯謂之仁矣乎？」❷子曰：「爲之難，言之得無訒乎？」

《周禮》大祭、中祭、小祭，見於《天官》之《酒正》，《春官》之《大司樂》。❸大賓之禮，大客之儀，見于《秋官》之《行人》。則凡祭與客，其禮殺；大祭、大賓，其禮隆。「出門如見大賓，使民如承大祭」，欽也。「己所不

❶「心」，上圖抄本作「仁」。

❷「矣」，上圖抄本作「已」。

❸「大司樂」，上圖抄本作「肆師」，四庫底本作「師」，館臣改。

欲，勿施於人」，恕也。欽則于人無所慢，恕則於人無所拂，故「在邦無怨，在家無怨」。在家無怨易，❶在邦無怨難，❷故先邦而後家也。《春秋傳》曰：「出門如賓，承事如祭，仁之則也。」孟子曰：「强恕而行，求仁莫近焉。」仲弓問仁，故孔子答之如此。仲弓嘗言：「居敬行簡，而其行則不録舊罪，使臣如借。」「居敬行簡」、「使臣如借」則可教之以敬，「不録舊罪」則可教之以恕。❸聖人之於人，豈能推其所有，强其所無哉？亦因其性而道之也。故司馬牛未可與言仁，則告之以仁「爲之難」而已。❹樊遲、子張可與言仁，而未可與言爲仁，故或告之以「先難」，或告之以「愛人」，或告之以「居處恭，執事敬，與人忠」，或告之以「恭、寬、信、敏、惠」而已。惟顔子然後能盡仁，故告之以「克己復禮」，「克」「復」仁之事也。仲弓可與言仁，未可以盡仁，故告之以敬恕而已。訒與難一也，言之難則曰訒，爲之難則曰難。牛多言而躁，❺言訒云者，❻救之失歟？❼

❶「易」上，上圖抄本有「則」字。
❷「難」上，上圖抄本有「則」字。
❸「恕」，四庫底本作「敬」，館臣籤云「下敬字宜改恕」。
❹「仁」，上圖抄本作「言」。
❺「牛」上，上圖抄本有「司馬」二字。
❻「言訒」，上圖抄本作「則言之訒」。
❼「救」，上圖抄本作「亦救其多言」。

司馬牛問君子。子曰：「君子不憂不懼。」曰：「不憂不懼，斯謂之君子矣乎？」子曰：「内省不疚，夫何憂何懼？」

君子之修身也，言行無尤悔，俯仰不愧怍。以守則爲仁，以行則爲勇。仁故不憂，勇故不懼。古詩有之：「德義之不愆，何恤人之言。」内省不疚，而不憂者也。曾子曰：「自反而縮，雖千萬人，吾往矣。」内省不疚，而不懼者也。不憂不懼，孔子猶以爲不能。牛不足與言仁，而告之以此，何也？牛以魋之爲亂，而憂懼焉，故孔子解之而已，非牛可以與言此也。憂在内，懼在外。《傳》曰：「民無内憂，又無外懼。」

司馬牛憂曰：「人皆有兄弟，我獨亡。」子夏曰：「商聞之矣：死生有命，富貴在天。君子敬而無失，與人恭而有禮，四海之内，皆兄弟也。君子何患乎無兄弟也？」

鄭師慧謂：❶「朝無人，非無人也，無賢人也。」晉叔向謂：「卒列無長，非無長也，無善長也。」司馬牛憂無兄弟，非無兄弟也，無令兄弟也。命者，天之令。天者，命之所自出。孟子曰：「莫之爲而爲者天，莫之致而至者命。」是天以遠而在彼者爲言，命以近而在此者爲言也。死生非力之所能移，故言「有命」。富貴非人之所能爲，故言「在天」。然合而論之，則一而已。《書》曰：「我生不有命在天。」是在命者，可以言天也。《列子》命謂力曰：「奈何賤賢而貴愚，貧善而富惡？」是在天者可以言命也。言與人恭，則敬以處己者也；言有禮，則無失德者也。處己敬而有德則人宗之，與人恭而有禮則人親之，如此則四海之内，孰非

❶「慧」，四庫底本作「惠」，館臣籤云「師慧誤師惠，宜改」。

兄弟也？曾子謂弟子曰：「執仁立志，❶先言而後行，千里之外皆兄弟也。苟是之不爲，則雖汝親，庸親汝乎？」與此同意。觀桓魋之亂，司馬牛致邑而適齊，及桓魋奔齊，司馬牛致邑而適吴，趙簡子召之於晉，陳成子亦召之於齊，而莫之肎就，反卒於魯而已，則司馬牛之賢可知矣。故孔子曰：「君子何患乎無兄弟？」

子張問明。子曰：「浸潤之譖，膚受之愬，不行焉，可謂明也已矣。浸潤之譖，膚受之愬，不行焉，可謂遠也已矣。」

譖而言之謂之譖，首而告之謂之愬。「浸潤之譖」，若水之於物，則漸而不暴；「膚受之愬」，若垢之於膚，則淺而不迫：皆其難知者也。能知其所難，知而止之使不行，則其智明出人遠矣。蓋明則察言而已，遠則明之過于人。君子之於譖愬，有度以度之，有數以數之，故《詩》曰：「他人有心，予忖度之。」往來行言，心焉數之。」如此，則賢者不以忠信見疑，小人不以誕謾見信，豈非明而且遠哉？《傳》曰：「流丸止于甌臾，流言止于智者。」

子貢問政。子曰：「足食，足兵，民信之矣。」子貢曰：「必不得已而去，于斯三者何先？」曰：「去兵。」子貢曰：「必不得已而去，於斯二者何先？」曰：「去食。自古皆有死，民無信不立。」

兵之於德爲末，於器爲凶。故古者制字之意，戈欲偃，弓欲弛，武欲止，則兵豈先王之所尚哉？此所以寧

---

❶「執」上，上圖抄本有「孰」字。

有信而去兵也。食之所養者小體也，信之所養者大體也。故無信而生，不若有信而死，此其所以寧去食，而信斷不可少也。❶然非兵則無以有其食，非食則無以存其信，三者固不可偏廢，惟其輕重緩急之不同，故孔子之言有如此。

棘子成曰：「君子質而已矣，何以文爲？」子貢曰：「惜乎夫子之説君子也，駟不及舌。文猶質也，質猶文也。虎豹之鞟猶犬羊之鞟。」

毛謂之皮，革謂之鞟。虎、豹、犬、羊所以别者，以皮之不同也。君子、野人所以别者，以文質之不同也。今也去毛以爲鞟，則虎豹猶犬羊而已。去文以從質，則君子猶野人而已。此棘子成之失于偏見也，❷故子貢責之以「駟不及舌」。鄧析曰：「一言而非，駟馬勿追；一言而急，駟馬勿及。」

哀公問於有若曰：「年饑，用不足，如之何？」有若對曰：「盍徹乎？」曰：「二，吾猶不足，如之何其徹也？」對曰：「百姓足，君孰與不足？百姓不足，君孰與足？」

什一，天下之中正也。多乎什一，則大桀、小桀；少乎什一，則大貉、小貉。魯自宣公初税畝，多乎什一而二焉，哀公又欲用田賦，故有若因其憂不足，而告以「盍徹」，所以救其弊也。方哀公之欲用田賦也，故孔

❶「信斷不可少」，上圖抄本作「存信」。
❷「見」，上圖抄本無此字。

子嘗曰：「君子度于此，而禮以其薄，則丘亦足矣。❶不度于此，而貪日用無窮，則雖以田賦將又不足。」則有若所謂「百姓足，君孰與不足？百姓不足，君孰與足？」固孔子之意。何則？古之善爲國者，藏於民不藏於公，與之爲取，而不以取之爲取。以爲君則父，民則子也，未有子富而父貧，未有民足而君不足。揚雄所謂：「洪羊擅利，其如子何？」❷子張學干禄，孔子告之以言行。或問不爲政，孔子答之以孝友。衛公待之以爲政，孔子欲先正名。梁王問利國，孟子説以仁義。蓋君子之言，惡苟簡以徇利，寧高闊以正本也。有若之于哀公問「不足」，而告之以「盍徹」，其意亦若此而已。

子張問崇德辨惑。子曰：「主忠信，徙義，崇德也。愛之欲其生，惡之欲其死，既欲其生，又欲其死，是惑也。誠不以富，亦祇以異。」

德由中出，惑自外來。❸由中出者，不可不高，故崇之；自外來者，❹不可不明，故辨之。《易》曰「忠信所以進德」、「敬義立而德不孤」，此「主忠信，徙義，崇德」者也。《禮》曰「身有所忿懥，則不得其正；有所好樂，則不得其正」，此「愛之欲其生，惡之欲其死，是惑也」。子張持嘐嘐之志，而其行不掩，則不足于忠

❶「丘」，上圖抄本、四庫底本誤作「兵」，《四庫全書考證》卷十八：「丘原本訛兵，據《左傳》改。」

❷「其如子何」，上圖抄本作「蓋以此也」。

❸「來」，上圖抄本作「入」。

❹「來」，上圖抄本作「入」。

信；抱堂堂之容，難與爲仁，則不足于徙義。愛之過辟，則欲其生；惡之過辟，則欲其死。則誠不以富于己，適足以異于人也，故曰「誠不以富，亦祇以異」。樊遲問崇德、辨惑則同，而孔子告之不同者，蓋好利者務得而多怨，務得則不能先事，多怨則不能無怨。以先事後得爲崇德，以一朝之忿爲怨，此所以告樊遲也。告子張曰「是崇德也，是辨惑也」，告樊遲曰「非崇德與，非辨惑與」，蓋樊遲之賢，不及子張。子張常以孔子之言爲是，故告之以是；樊遲疑孔子之言爲非，故告之以非與？觀樊遲之問，及于修慝，子張常問善人之道，是子張可進于善，樊遲未離乎慝也。❶ 孔子曰：「言人之惡，非所以美己；言人之枉，非所以正己。」故君子攻其惡，無攻人之惡。樊遲問修慝，孔子告之以此者，欲其不舍己之田，而芸人之田者也。昔衛有蘧伯玉人者，直己而不直人，蓋如此也已。

齊景公問政于孔子。孔子對曰：「君君，臣臣，父父，子子。」公曰：「善哉！信如君不君，臣不臣，父不父，子不子，雖有粟，吾得而食諸？」

景公之時，慶封滅崔氏，田、鮑、高、欒謀慶氏，而田氏又私其德於民，此「臣不臣」也。景公以少子荼爲太子，而逐群公子于萊邑，而群公子皆亡于外，是「子不子」也。臣之不臣以君之不君，子之不子以父之不父，故孔子答以君則臣臣，父則子子也。漢三老茂曰：「父不父則子不子，臣不臣由于君不君。」其言先父子者，爲戾園而發也。《洪範》言「作福作威」，而繼之以「惟辟玉食」，以言人君能作威福，然後不失其玉

❶「乎」，上圖抄本作「於」。

食。不能作威福，則君不君矣，其得康食乎？故曰：「雖有粟，吾得而食諸？」

子曰：「片言可以折獄者，其由也與？」子路無宿諾。

子曰：「聽訟，吾猶人也。必也使無訟乎！」

信義不著，雖多言不可以折獄；信義著，雖一言可以折獄。《易》曰：「君子折獄。」《書》曰：「惟良折獄。」子路片言可以折獄者，以其有君子之良心，爲人所信故也。《禮》曰：「與其有諾責，寧有己怨。」老子曰：「輕諾必寡信。」子路無宿諾，則于人無輕諾，于己無寡信，❶此所以果于折獄也。小邾輕千乘之盟而信子路之一言，❷則子路信義之著可知矣。夫先之以德、禮，輔之以政、刑，使有恥且格。而無情者不得盡其辭，此所以無訟也。子路能折獄於已訟之後，而不能化人于未訟之先，語之以無訟則未也。孔子聽訟則與人同，使人無訟則與人異，故曰：「聽訟，吾猶人也。必也使無訟乎！」《易》曰：「君子作事謀始。」《書》曰「帝德罔愆」，而繼之以「茲用不犯于有司」。《禮》曰「禮之教化也微」，而繼之以「使人遠罪不自知」，使無訟之謂也。苟婚姻之禮廢，而淫僻之罪多；鄉飲酒之禮廢，而爭鬬之獄煩；喪祭之禮廢，而臣下之恩薄；聘覲之禮廢，而君臣之位失。然後從而聽斷之，不亦晚乎？故子路之折獄，不及孔子之使無訟也；

❶「于」，上圖抄本作「責」。

❷「小」，上圖抄本、四庫底本作「濟」。

召公之聽獄，又不若《周南》之無犯也。❶在昔揚子有曰：「必也律不犯。」

子張問政。子曰：「居之無倦，行之以忠。」

居之無倦，則于己無逸；行之以忠，則于人不欺。子張問仁，告之以「敏則有功」；問崇德，告之以「主忠信，徙義」；問行，告之以「言忠信」。蓋倦則不能敏而徙義，不忠則不能崇德而有行。子張之行不免于此，故于其問政，而告之以「居之無倦，行之以忠」也。《傳》稱「子張問入官，孔子告之以『怠惰者，時之所以後，非忠信則無以取親於百姓』」，與此同也。蓋無倦然後能使民無倦，忠然後能使民作忠。孔子于子張，兼無倦與忠而教之；于子路，則教之以無倦而已，以子路之蔽，不至于不忠也。

子曰：「博學于文，約之以禮，亦可以弗畔矣夫。」重出。

子曰：「君子成人之美，不成人之惡。小人反是。」

互鄉童子潔己以進，孔子與之而不拒，成人之美也。冉求聚斂，孔子欲鳴鼓而攻之，不成人之惡也。小人幸災樂禍，故成人之惡；惡直忌正，故不成人之美。孟子之五教有成德者，皆成人之美也。

季康子問政於孔子。孔子對曰：「政者，正也。子帥以正，孰敢不正？」

季康子患盜，問於孔子。孔子對曰：「苟子之不欲，雖賞之不竊。」

教之化民深于命，民之効上捷于令。故鄭伯好勇，國人暴虎；秦穆貴信，士多從死；陳姬好巫，而民淫

---

❶「若」，上圖抄本作「及」。

祀；晉侯好儉，而民畜聚；太王躬仁，邠民貴恕；吳王好劍客，而民多瘡痍；楚王好細腰，而朝多餓死。則季康子之欲，而魯民盜，理勢之必然也。❶老子曰：「不必以静，天將自正。」又曰：「我無欲，而民有樸。」故孔子于爲政者，患不能以正導之耳。莊子曰，盜竊之仁行，雖貴而可乎？❷季康子之謂也。

季康子問政於孔子曰：「如殺無道，以就有道，何如？」孔子對曰：「子爲政，焉用殺？子欲善而民善矣。君子之德風，小人之德草，草上之風，必偃。」

德教洽而民氣樂，法令極而民風衰。先王任德不任力，好生不好殺。不得已則刑，期無刑而已。夫豈後德禮而先政刑哉？故曰：「子爲政，焉用殺？子欲善而民善矣。」夫上之化下，無可見之迹，而俗日遷，故喻以風；民性含仁，而衆柔不能自立，故喻以草。草惟風之偃，民惟上之從。康子不能正德以善之，特欲殺之而已，不亦過哉？《書》曰：「四方風動。」又曰：「爾惟風，下民惟草。」《傳》曰：「我德如風，民應如草。」

子張問：「士何如斯可謂之達矣？」子曰：「何哉，爾所謂達者？」子張對曰：「在邦必聞，在家必聞。」子曰：「是聞也，非達也。夫達也者，質直而好義，察言而觀色，慮以下人，在邦必達，在家必達。夫聞也者，色取仁

---

❶「理勢之必然」，上圖抄本作「理固然」。

❷「莊子曰」云云，據《莊子・則陽》：「盜竊之行，於誰責而可乎？」疑此處「雖貴」乃「誰責」之誤，「仁」或涉「行」字而誤衍，或乃「於」之壞字而被校改於「行」字之上。

而行違，居之不疑，在邦必聞，在家必聞。」

達者，志在不窮；❶聞者，爲名而已。達則不必聞，❷聞則不必達。質者直，德也。好義，義也。察觀，❸智也。慮下，禮也。德義所以處己，故志不窮於内；禮所以處人，❹故行不窮於外，此所以「在家必達，在邦必達」也。取仁行違，居之不疑，此取僞爲以尚人而已，與「質直」、「好義」、「察言觀色」、「慮以下人」者反矣，此所以「在家必聞，在邦必聞」。《詩》言：「帝謂文王，不大聲以色。」文王大之，不失其色，非色取仁也，以德而已，此則「在邦必聞，在家必聞」者也。蓋達與「受小國是達、受大國是達」同，聞與「聲聞過情」同。在家言其止在家，在邦言其止在邦。❺子張色莊者乎？則色取仁矣！難與並爲仁，則行違。其志曰古之人，❻古之人，則居之不疑矣。孔子因其失而救之也。

樊遲從遊於舞雩之下，曰：「敢問崇德，修慝，辨惑。」子曰：「善哉問！先事後得，非崇德與？攻其惡，無攻人之惡，非修慝與？一朝之忿，忘其身，以及其親，非惑與？」

---

❶「在」，上圖抄本無此字。
❷「不」，上圖抄本無此字。
❸「察觀」，上圖抄本作「察言觀色」。
❹「禮」上，上圖抄本有「智」字。
❺「止在邦」下，上圖抄本有「以明達者於行止無所不達，聞者於行止無所不聞」二十字。
❻「志」下，上圖抄本有「嘐嘐然」三字。

樊遲問仁。子曰：「愛人。」問知。子曰：「知人。」樊遲未達。子曰：「舉直錯諸枉，能使枉者直。」樊遲退，見子夏曰：「鄉也吾見於夫子而問知。子曰：『舉直錯諸枉，能使枉者直。』」子夏曰：「富哉言乎！舜有天下，選於衆，舉皋陶，不仁者遠矣。湯有天下，選於衆，舉伊尹，不仁者遠矣。」

自其爲仁智言之，則智易而仁難。自其愛人知人言之，則愛人易知人難。故遲於愛人則達，於知人則未達。《書》曰：「簡厥修，亦簡其或不修。進厥良，以率其或不良。」《易》曰：「君子惟有解，吉，有孚于小人。」《傳》曰：「禹稱善人，不善人遠。」此所謂「舉直錯枉，使枉者直」也。舜、湯之所舉多矣，特言皋陶、伊尹者，皋陶之賢，其德足以懷民，其謨足以知人，其爲士也，能制百姓於刑之中，伊尹之賢，其才足以任重，其道足以格天，其割正有夏，能變簡賢附勢之徒，如此則仁賢履位，奸邪悉退，❶豈非「不仁者遠」哉？堯、舜之仁，不徧愛人，急親賢也，如此而已。

子貢問友。子曰：「忠告而善道之，不可則止，毋自辱焉。」

忠告屬言，善道屬行，仁也。不可則止，義也。芮伯之於朋友曰：「既之陰女，反予來赫，又繼之以涼。」曰不可，覆背善詈，不爲不辱矣。」而芮伯爲之者，救時之責故也。

曾子曰：「君子以文會友，以友輔仁。」

---

❶「邪」，上圖抄本作「佞」。「退」，上圖抄本作「消」。

文出于理，仁出于性。以文會友，❶然後能窮理；以友輔仁，❷然後能盡性。《禮》曰：「相觀而善。❸以文會之，所以能相觀；以仁輔之，所以善也。」孔子曰：「工欲善其事，必先利其器。」事所以譬仁，器所以譬友。事以利器，然後善；仁以益友，然後成。君子于友可不慎哉？❹子曰：「損者三友，益者三友。」益友所以輔仁，❺損友則害仁而已。

---

❶「友」下，上圖抄本有「於其外」三字。
❷「仁」下，上圖抄本有「於其内」三字。
❸「善」下，上圖抄本有「之謂摩」三字。
❹「可」上，上圖抄本有「其」字。「慎」下，上圖抄本有「擇」字。
❺「益」上，上圖抄本有「蓋」字。

論語全解卷七

子路第十三

子路問政。子曰：「先之勞之。」請益。曰：「無倦。」

先之，帥以正也。勞之，勞以思也。無有先之，❶而有以役之，則民不從。有以役之，而無以勞之，則民怨讟。《易》曰：「説以先民，民忘其勞。」孔子曰：「君子信而後勞其民，未信則以爲厲己。」《禮》曰：「勿驗勿信。❷勿信，民勿從。」是先之然後可以役之也。《豳風》以《東征》勞士，《小雅》以《杕杜》勤歸，是役之必有以勞之也。「先之」與《孝經》「先之以博愛」、「先之以敬遜」同。「勞之」與《孟子》「勞之來之」同。先勞之，❸而益之以無倦，則民亦應之以無倦矣。揚子曰：「不倦以終之。」爲學而不倦，則其德日新；爲政而

---

❶「有」，上圖抄本作「以」。

❷「勿」，上圖抄本作「弗」。下同。

❸「先」下，上圖抄本有「之」字。

不倦，則其政日新。故子張問政，孔子亦告之以「無倦」。今夫天地之于物，出乎震，齊乎巽，相見乎離，致役乎坤，先之而後役之也。説乎兑，戰乎乾，勞乎坎，役之然後勞之也。《大玄》曰：「仰天而天不倦，俯地而地不怠。」怠倦而能乎其事者，❶古今未覩。然則先勞而繼以無倦，天地之道也。天地尚然，而况于人乎？

仲弓爲季氏宰，問政。子曰：「先有司，赦小過，舉賢才。」曰：「焉知賢才而舉之？」曰：「舉爾所知；爾所不知，人其舍諸？」

有司分職然後事治，事治然後可以治人之罪而赦小過。赦小過，則故爲者刑矣。故爲者刑，然後舉其賢才。此所謂遏惡揚善者。賢言其德，才言其能。《傳》曰：「一賢統衆才則有餘，衆才度一賢則不足。」賢者必有才，才者不必賢也。子游爲武城宰，孔子問之以得人。蓋爲宰之政，必先之以有司，爲政之大，莫尚于舉賢才。

子路曰：「衛君待子而爲政，子將奚先？」子曰：「必也正名乎！」子路曰：「有是哉，子之迂也！奚其正？」子曰：「野哉，由也！君子於其所不知，蓋闕如也。名不正，則言不順；言不順，則事不成；事不成，則禮樂不興；禮樂不興，則刑罰不中；刑罰不中，則民無所措手足。故君子名之必可言也，言之必可行也。君子於其言，無所苟而已矣。」

❶「怠倦」，上圖抄本作「倦怠」。

衛以父子争國，而君臣上下之名不正，孔子欲以正名爲先，而子路以之爲迂，故曰：「野哉，由也！」野者，質而已矣，《家語》所謂「文不勝質」是也。❶子路於見南子則不悦，於在陳則愠，於公山召則曰：「何必公山氏之之也？」於佛肸召則曰：「親于其身爲不善，君子不入。」則子路之不知孔子者，不特是也。夫名之必可言，名不正則言不順，言不順則行之必不可行，❷而事不成。《洪範》謂「言曰從，從作乂」，《禮》曰「功成作樂，治定制禮」，蓋從則言順，作乂則事成，功成治定，事成之謂，故曰「事不成，則禮樂不興」。禮樂不興，則謙遜和穆之風衰，争愎詐僞之俗成，雖善聽者猶不能無枉，故曰「禮樂不興，則刑罰不中」。《易·豫》之作樂，則曰「刑罰清」，《傳》曰「禮刑相爲表裏」，是刑罰之中否，係禮樂而已。在昔荀卿有曰：❸「禮樂廢而邪音起，危辱之本也。」

樊遲請學稼。子曰：「吾不如老農。」請學爲圃。曰：「吾不如老圃。」樊遲出。子曰：「小人哉，樊須也！上好禮，則民莫敢不敬；上好義，則民莫敢不服；上好信，則民莫敢不用。情夫如是，則四方之民襁負其子而至矣，焉用稼？」

君子能爲小人之所不能，而不能偏能小人之所能。蓋君子之所能者勞心也，小人之所能者勞力也。「勞

---

❶「謂」下，上圖抄本有「子路」二字。
❷上「行」字，上圖抄本作「言」。
❸「在昔」，上圖抄本無此二字。

心者治人，勞力者治于人。治人者食于人，治于人者食人。」樊遲不知君子之道，而請學小人之事。夫禮以敬之，則民莫敢不敬；義以閑之，則民莫敢不服；信以結之，則民莫敢不用。情敬而後服，服而後用情，則將襁負其子而至，以爲己役。雖不學稼，其憂無食乎？蓋精於物者以物物，精於道者兼物物。樊遲之學稼，陳相之學許行，其能兼物物哉？宜孔子、孟子之所不許也。❶好禮然後好義，好義然後好信，與《禮記》「修禮然後好義，❷好義然後體信」同意，此學之序也。孔子曰「義以爲質，禮以行之，信以成之」，行之序也。《采菽》之詩，始言禮，中言信，卒言義，則待諸侯之道也。

子曰：「誦《詩》三百，授之以政，不達；使於四方，不能專對，雖多，亦奚以爲？」

《詩》之爲書，其事則王道之迹，❸其詞則法度之言。誦之，將以其事施之政，其詞施之使而已。若夫不明其事而授之以政，❹不達；使於四方，不能專對，則與不學《詩》同。故曰：「雖多，亦奚以爲？」《禮》曰：「誦《詩》三百，不足一獻。」以言誦《詩》三百則易，而一獻之禮則難。於其易者猶不明其義，斯亦不足貴也已。

❶「許」，上圖抄本作「與」。
❷「好」，上圖抄本作「達」。下同。
❸「道」，上圖抄本作「政」。
❹「事」，上圖抄本作「政」。

子曰：「其身正，不令而行；其身不正，雖令不從。」

以身教者從，故「其身正，不令而行」；以言教者訟，故「其身不正，雖令不從」。《書》曰：「爾身克正，罔敢不正。」孟子曰：「大人正己而物正。」揚子曰：「身立則政立。」《禮》曰：「其所令反其所好，而民不從。」王喜曰：「動以言，不若以行。」❶似與此同意。馬廖曰：「元帝罷服官而不用，❷成帝御浣衣，莊帝去樂府，❸然而侈費不息，❹至於衰亂者，百姓從行不從言也。」

子曰：「魯、衛之政，兄弟也。」

楊希曰：「有人于此，年，兄弟也；言，兄弟也；才，兄弟也；貌，兄弟也。壽夭貴賤，父子也；名譽愛憎，父子也。父子以況其相遠，兄弟以況其相類也。」魯者，伯禽之所封，而俗則一于周。衛者，康叔之所治，而俗則一於商。其俗雖不同，而其政均善，孔子所以追美之也。曾子布幕衛也，縿幕魯也。孔子有曰：「衛之祔也離之，魯之祔也合之。」善夫，觀其禮法之存於後世者，猶足爲君子之所取，則當時之政可知矣。《傳》曰：「政猶魯、衛，德化均焉。」

---

❶ 「動以言不若以行」，上圖抄本作「動民以行不以言」。

❷ 「而不用」，上圖抄本無此三字。

❸ 「莊」，《後漢書》卷五十四作「哀」，是。漢無莊帝。

❹ 「而」，上圖抄本作「後」。

子謂衛公子荆，「善居室。始有，曰：『苟合矣。』少有，曰：『苟完矣。』富有，曰：『苟美矣。』」

瘠地之民多有心，沃地之民多不才，故匹庶之家多循禮，世禄之家多侈怗，其勢然也。荆爲公子，其用稱家之有無，❶以同乎人，而其心未始有累焉，故始曰「苟合」，少有曰「苟完」，富有曰「苟美」，豈所謂怗侈者哉？此季札所以謂之君子也。君子無所苟，亦有所苟。無所苟則於言行不妄，有所苟則於利不累。荆之居室如此，以比夫無而爲有、❷虛而爲盈、約而爲泰者異矣！莊子曰「滿苟得」。

子適衛。冉有僕。子曰：「庶矣哉！」冉有曰：「既庶矣，又何加焉？」曰：「富之。」曰：「既富矣，又何加焉？」曰：「教之。」

不庶無以蕃民數，不富無以美民情，不教無以理民性。《周官》大司徒掌人民之數；小司徒掌夫家之數；縣師掌野，亦辨夫家人民之數；司寇掌刑，亦登大比之民數。生齒以上則書於司民，成名以上則書於媒氏。凶荒則有荒政之條，疾病則有疾醫之治。凡此所以庶之也。大司徒十有二等，❸以辨民宜；十有二壤，以教民稼。小司徒井其田，而任以耕事；牧其野，而任以畜事。里宰於器之不足者，助以合耦之令。遂師於力之不足者，救以移用之法。慮其功之有餘也，爲之疆野以任之；患其耕之有惰也，爲之時器以

❶「其用」上，上圖抄本有「善於居」三字。
❷「以比夫」，上圖抄本作「與夫子」。
❸「等」，上圖抄本作「事」。

任之。而有成功，則鄙師掌令以行賞；勸之而不勉，則載師斂布以致罰。於荒政，則散利以薄征；於旅師，則平頒其興積。凡此所以富之也。大司徒示以教象之法，小司徒帥以教法之象。❶州長歲屬民而讀法者三，❷黨正歲屬民而讀法者七，❸族師歲屬民而讀法者十四。❹糾之以司諫，猶王之有師氏；救之以司救，猶王之有保氏。自敬敏以上莫不書之以教，其不自修、自能者以上莫不與之以勸。❺凡此所以教之也。《公劉》之什言「既庶既繁」，❻次之以「既順乃宣」，又次之以「于時言言，于時語語」，與孟子言「省刑罰」，又次之以「深耕易耨」，又次之以「壯者修其孝弟」，是亦庶富而教之也。《易》言「理財正辭」，《書》言「既富方穀」，《詩》言「飲之食之，教之誨之」，《傳》言「我有田疇，❼子產殖之。我有子弟，子產教之」意同。❽《禮》云「子產能食不能教」，非不能教，特不若能食而已。

---

❶「以」下，上圖抄本有「覩」字。

❷「州」，上圖抄本作「則」。

❸「七」，上圖抄本作「四」。

❹「族」，上圖抄本作「旅」。「十四」，上圖抄本作「七」。

❺「勸」下，上圖抄本有「其不能」三字。

❻「什言」，上圖抄本作「詩」。

❼「傳」上，上圖抄本有「春秋」二字。

❽「意同」，上圖抄本作「皆此意也」。

子曰：「苟有用我者，期月而已可也，三年有成。」

子曰：「『善人爲邦百年，亦可以勝殘去殺矣。』誠哉是言也！」

子曰：「如有王者，必世而後仁。」

爲政之道，德隆者其效速，德殺者其效遲。孔子曰「如有用我者，期月而已可也，三年有成」，「如有王者，必世而後仁」，「善人爲邦，百年亦可以勝殘去殺」，則期月可以爲之兆，而未必有成，三年有成矣，而未必仁，故曰「必世而後仁」。《易》曰：「重明以麗乎正，乃化成天下。」又曰：「聖人久於其道，而天下化成。」《詩》言：「周王壽考，遐不作人。」又言：「仁如騶虞，則王道成。」皆「必世而後仁」之謂也。勝殘則在下無賊義之民，去殺則在上有措刑之治。漢之興至于文、景，唐之興至于開元，然後幾致措刑，皆百年勝殘去殺之效也。然勝殘去殺則無暴民而已，語之以仁則未也。王者之仁，成于必世，不必百年。善人之無暴民，必待百年，則其德之隆殺、效之遲速可知矣。若夫繼大治、承大亂者，則又異乎此，故「禹立三年，百姓以仁遂」，繼大治也。「故事半古之人，❶功必倍之」，承大亂也。然文王百年，德猶未洽于天下者，以其善政仁人猶有故也。其《家語》有言「昔孔子爲中都宰一年，四方諸侯則焉」，此即所謂「期月而已可也」。

子曰：「苟正其身矣，於從政乎何有？不能正其身，如正人何？」

冉子退朝。子曰：「何晏也？」對曰：「有政。」子曰：「其事也。如有政雖不吾以，吾其與聞之。」

❶「故」上，上圖抄本有「孟子曰」三字。

《禮》曰「政行則事治」，又曰「不可以私，不將公事」，孟子曰「發於其政，害於其事」。蓋行於上者謂之政，通於下者謂之事。孔子至于是邦，未嘗不以譽命而與聞其政，故曰「其事也，如有政，吾其與聞之」。

定公問：「一言而可以興邦，有諸？」孔子對曰：「言不可以若是其幾也。人之言曰：『爲君難，爲臣不易。』如知爲君之難也，不幾乎一言而興邦乎？」曰：「一言而喪邦，有諸？」孔子對曰：「言不可以若是其幾也。人之言曰：『予無樂乎爲君，唯其言而莫予違也。』如其善而莫之違也，不亦善乎？如不善而莫之違也，❶不幾乎一言而喪邦乎？」

邦之興喪，在事不在言，故言不可以若是，幾之而已。❷《書》曰「后克艱厥后，臣克艱厥臣」，而繼之以「政乃乂」。知爲君難之言，❸可幾於興邦也。《易》曰「言善，則千里應之；言不善，則千里違之」，而繼之以「亂之所生，則言語以爲階」，是不善莫違之，一言可幾於喪邦也。若邳彤對光武以入關之非，而史以爲一言可以興邦。李勣導高宗之立武后，而史以爲一言可以喪邦。豈特「爲君難」與「莫予違」而已哉？孔子之言止于是者，對定公故也。孫叔敖以一言復郢市，晏子以一言省齊刑，申叔時以一言復陳國，其利雖未至于興邦，是亦重言者歟？

❶「違」，四庫底本作「爲」，纂修盧遂籤云「違誤爲，正本同」。
❷「幾」上，上圖抄本有「特」字。
❸「難」，四庫底本無此字，館臣籤云「爲君二字落難字」。

葉公問政。子曰：「近者説，遠者來。」

子貢言夫子之得邦家，則曰「綏之斯來，動之斯和」。荀卿言大儒之郊，則曰「近者謳歌而樂之，遠者竭蹶而趨之」。葉公問政，亦可告以此乎？孔子嘗曰：「荆之地廣而都狹，❶民有離心，莫安其居，故政在悦近而來遠。」《詩》曰：「亂離瘼矣，莫之適歸。」❷由此觀之，孔子僅欲葉公定其亂離之民而已。《學記》曰：「近者悦服，遠者懷之，大學之道也。」自我論之，蓋孔子所言者，政也；《學記》所言者，教也。

子夏爲莒父宰，問政。子曰：「無欲速，無見小利。欲速則不達，見小利則大事不成。」

爲政之要，在於循理而圖大。循理則無欲速，圖大則無見小利。《易》曰「浚恒，凶」，「欲速不達」之謂也。《禮》曰「小謀敗大作」，「見小利大事不成」之謂也。孟子言爲學之道，以欲速喻揠苗，以見小利喻養其一指。《兵法》言「用兵之道，軍以舒爲吉。軍無小聽，戰無小利」。由此觀之，君子之所爲，凡皆不可欲速見小利，豈特爲政已哉？孔子所言，姑以救子夏之失也。❸

葉公語孔子曰：「吾黨有直躬者，其父攘羊，而子證之。」孔子曰：「吾黨之直者異于是：父爲子隱，子爲父隱，直在其中矣。」

---

❶「荆」，四庫底本作「川」，纂修盧遂籤云「據《家語·辨政》篇改」。

❷「莫之」，上圖抄本作「奚其」。

❸「失」，上圖抄本作「狥末」。

天下之所爲直者，❶有禮義之直，有非禮義之直。「父爲子隱，子爲父隱」，雖曲而直存焉，禮義之直也；「其父攘羊，而子證之」，雖直而曲存焉，非禮義之直也。先王之法，父子之罪不相及，則恕之以其親。隣比之罪相及，則責之以其友。恕之以其親，爲其可以相隱故也；責之以其友，爲其不可以相隱故也。《儀》曰「不私其父，不成其爲子」，❷《春秋》爲親者諱，今律大功以上，相隱則不坐，皆此意也。

樊遲問仁。子曰：「居處恭，執事敬，與人忠。雖之夷狄，不可棄也。」

居處易以慢，必欲其恭；執事易以苟，必欲其敬。欲與人以虛，雖戚必踈；欲與人以實，雖踈必密。然則與人其可以不忠乎？恭也，忠也，雖之夷狄，猶且不可棄，則君子於此，固不可斯須去身矣。故曰：「言忠信，行篤敬，雖蠻貊之邦行矣；言不忠信，行不篤敬，雖州里行乎哉？」

子貢問曰：「何如斯可謂之士矣？」子曰：「行己有恥，使於四方，不辱君命，可謂士矣。」曰：「敢問其次。」曰：「宗族稱孝焉，鄉黨稱弟焉。」曰：「敢問其次。」曰：「言必信，行必果，硜硜然小人哉，抑亦可以爲次矣。」曰：「今之從政者何如？」子曰：「噫！斗筲之人，何足算也。」

「言必信，❸行必果」，則謹身而已，非有稱於宗族、鄉黨也。宗族稱孝，鄉黨稱弟，則稱於近者而已，非遠

❶「爲」，上圖抄本作「謂」。
❷「儀」下，上圖抄本有「禮」字。
❸「信」下，上圖抄本有「則果」二字。

而有光華也。「行己有恥，使於四方，不辱君命」，則遠而光華矣。蓋行己有恥，則有所不爲。使於四方，不辱君命，則能專對。有所不爲，義也；善於專對，智也。宗族稱孝，非《禮記》所謂「州閭、鄉黨稱孝」也；鄉黨稱弟，非《禮記》所謂「僚友稱其弟」者也。硜硜則常而不能變，斗筲則小而不能容。孔子以言必信、行必果爲小人，孟子以言不必信、行不必果爲大人，此揚子所謂「事非禮義爲小，無事於小爲大」者也。蓋莫非小人也，有君子之小人，有衆人之小人。言必信，行必果，君子之小人也。懷土懷惠，比而不周，驕而不泰，衆人之小人也。莫非君子也，有聖人之君子，有賢人之君子，有未成德之君子，有在位之君子。《易》曰「君子上交不諂，下交不瀆」，「君子之道鮮矣」，孟子言君子「無上下之交」，聖人之君子也；「得見君子斯可矣」，賢人之君子也；「君子不仁」，「君子有勇無義爲亂」，未成德之君子也；「君子之德風」，在位之君子也。

子曰：「不得中行而與之，必也狂狷乎！狂者進取，狷者有所不爲也。」

狂者近智，狷者近義。近智而非所以智則過，近義而非所以義則不及。狂譬則陽，狷譬則陰，中行譬則冲氣也。孟子言「中道」，體也；孔子言「中行」，用也。孟子言「狂簡」，言也；孔子言「狂簡」，行也。《易》之中爻，或言中道，或言中行，亦體用不同故也。❶

子曰：「南人有言曰：『人而無恒，不可以作巫醫。』善夫！」「不恒其德，或承之羞。」子曰：「不占而已矣。」

---

❶「用」，四庫底本無此字，館臣籤云「體用不同故也，落用字」。

荀卿曰：「趨舍無定，謂之無常。」巫醫賤技，然人所委聽猶不可以無常，況不爲巫醫者乎？《恒》之九三，剛而不中，剛之恒過者也；巽而應柔，巽之過者也。一過于剛，一過於巽，「不恒其德」者也。初與二在下，而羞承之，「或承之羞」者也。《易》曰「極數知來之謂占」。《革》九五之未占，孚可知矣；《恒》九三之不占，羞可知矣。《禮》曰：「人而無常，不可以爲卜筮。龜筮猶不能知也，而況於人乎？」蓋不知《論語》而誤爲之説也。

子曰：「君子和而不同，小人同而不和。」

五味相和，然後可食；❶五聲相和，然後可聽。❷則和者有異而無乖，同者有協而無異。君子之與人也任道，故「和而不同」；小人之與人也任情，故「同而不和」。柳下惠油然與之偕，而不自失焉，和而不同也。梁丘據君可則可，❸君否則否，同而不和也。然君子不同有所謂同，小人之同有所謂不同。《易》曰「君子以同而異」，君子之同也。《詩》曰「潝潝訿訿」，❹小人之不同也。君子同不同皆是善，❺小人同不同皆是不善。

---

❶「食」下，上圖抄本有「以水濟水則不可食」八字。

❷「聽」下，上圖抄本有「琴瑟專一則不可聽」八字。

❸「丘」，原作「邱」，係館臣避孔子諱，今改回。下同。

❹「潝潝訿訿」，上圖抄本作「自有膊」。

❺「皆是」，上圖抄本作「無適而非」。下同。

子貢問曰：「鄉人皆好之，何如？」子曰：「未可也。」「鄉人皆惡之，何如？」子曰：「未可也。不如鄉人之善者好之，其不善者惡之。」

居之似忠信，行之似廉潔，非之無舉也，刺之無刺也，而衆皆悦之，是鄉愿者，人之所好也，故曰「鄉人皆好之，未可也」。怠者不能修，忌者畏人修，故事成而謗興，德高而毀來，是獨行者，人之惡也，故曰「鄉人皆惡之，未可也」。方周之衰，京人以叔段爲仁，沃人以桓叔爲君子，齊人以陳仲子爲廉，以匡章爲不孝，然則鄉人之好惡可不察之哉？故鄉人之善者好之，其不善者惡之，則所好無非善，所惡無非不善矣。孔子曰：「衆好之，必察焉；衆惡之，必察焉。」孟子曰：「國人皆曰賢，然後察之；國人皆曰可殺，然後察之。」《書》曰：「出入自爾師虞，庶言同則繹。」皆此意也。蓋謀貴於衆，斷貴於獨。不因鄉人則失于自用，因鄉人而不察之，則失于隨人。内不失于自用，外不失于隨人，惟仁者能之，故曰「惟仁者能好人，能惡人」。

子曰：「君子易事而難説也。説之不以道，不説也。及其使人也，器之。小人難事而易説也。説之雖不以道，説也。及其使人也，求備焉。」

君子處己也正，責人也輕。正故難悦，輕故易事。小人處己也不正，責人也私。不正故易悦，私故難事。《泰》九二之「包荒，用憑河」，易事也。《兑》九二之「孚」，難説也。與人不求備，❶而不邇聲色，湯之易事，難悦也。不顯亦臨，而無畔援歆羨，文王之易事，難悦也。易事，仁也；難悦，義也。小人反是。

---

❶「備」，上圖抄本、四庫底本作「能」，館臣籤云「與人不求備，備誤能」。

子曰：「君子泰而不驕，小人驕而不泰。」

君子坦蕩蕩，而謙以自牧，故泰而不驕；小人長戚戚，而賤物貴我，故驕而不泰。莊子曰：「宇泰定者，發乎天光。」《易》曰：「履而泰，然後安。」則宇泰定者，德也；履而泰者，行也。《禮》曰：「小人富斯驕。」荀子曰：「小人能則倨傲，以驕溢人。」則富斯驕者，累於利也；能斯驕者，累於名也。君子安於能行，而不知有名利，故能泰而不爲驕。小人累於名利，而不知有德行，故爲驕而不能泰。君子不驕，有所謂驕，荀子所謂「志意修，則驕富貴」是也。小人不泰，有所謂泰，《禮記》所謂「驕泰以失之」是也。然驕富貴，非君子之成名時也。至君子之成名，則無驕矣。

子曰：「剛、毅、木、訥近仁。」

剛則無慾，無慾則静，仁者静，故剛近之。毅則果敢，果則勇，仁者必勇，故毅近之。木者無令色，則不以色取仁。訥者無巧言，則不以給奪仁。凡此不以末害本也。❶仁者務本而已，故木訥近之。「剛、毅、木、訥近仁」，❷質美故也。「强恕而行，求仁莫近焉」，行美故也。

子路問曰：「何如斯可謂之士矣？」子曰：「切切偲偲，怡怡如也，可謂士矣。朋友切切偲偲，兄弟怡怡。」

切切，責也；偲偲，强也。《詩》曰「伐木丁丁，鳥鳴嚶嚶」，切切偲偲之謂也。「兄弟既翕，和樂且耽」，怡怡

---

❶「本」，四庫底本作「木」，館臣籤云「本誤木」。

❷「仁」，四庫底本作「人」，館臣籤云「仁誤人」。

之謂也。蓋閨門之内，恩掩義；閨門之外，義掩恩。孔子言「朋友切切偲偲，兄弟怡怡」，孟子言「責善，朋友之道。父子之間，不責善」，是皆不以恩廢義，不以義賊恩。子路之爲人，嘐而行行。其於朋友兄弟，必不能然，故孔子告之《棠棣》之詩。于急難則良朋不如兄弟，于喪亂既平則兄弟不如友生，此先朋友而後兄弟者，亦兄弟不如友生之意也。

子曰：「善人教民七年，亦可以即戎矣。」

子曰：「以不教民戰，是謂棄之。」

有不能教之君，無不可用之民。善人教民七年，可以即戎，則君子教民，雖不七年，可以即戎矣。孟子曰：「師文王者，大國五年，小國七年，可以爲政于天下。」蓋善人之教民，猶小國之施政。小國之政必七年，然後及於天下。善人之教民必七年，然後可以即戎，其勢然也。觀晉侯之教民，定襄王以示之義，伐原以示之信，大蒐以示之禮，然後用之以戰。則先王之教民，豈特《司馬》坐作、進退、疾徐、疏數之節而已哉？彼不知務者，大則不能教民以禮義，小則不能教民以戰陣，及其有事，則驅市人以就死地而已，此孟子所以言「不教而戰，謂之殃民」也，《司馬法》曰「教惟豫」，孫武曰「教道不明曰亂」，吴起曰「兵之法，教戎爲先」，鄧析曰「慮不先定，不可以應巫；兵不閒習，不可以當敵」。❶《春秋》書「師次於郎，甲午治兵」，師次而後治兵，宜聖人譏之也。

---

❶「敵」下，上圖抄本有「皆此意也」四字。

憲問第十四

憲問恥。子曰：「邦有道，穀，恥也；❶邦無道，穀，恥也。」

「克、伐、怨、欲不行焉，可以爲仁矣？」子曰：「可以爲難矣，仁則吾不知也。」

勝人之謂克，自賢之謂伐，怨生于所求，欲生于所好，四者出於情，而害于性。衆人縱之，而不能止之；學者止之，而不能去之。去之可以爲仁，止之則可以爲義而已。《召南》言夫人無妒忌之行，《周南》言后妃無妒忌之心。蓋無其行者，不能無其心；無其心者，必無其行。克、伐、怨、欲不行，特無其行而已，其能無是心哉？惟仁者則無是心矣。宋襄公不鼓不成列，孟之反不伐，伯氏之無怨，孟公綽之不欲，孔子未嘗以仁名之，以其於此不行而已。若顏子之無伐，伯夷之無怨，此所謂無是心者也。孔子曰「君子言必忠信，而心不忘仁義」，在心而已，無伐者此也。蓋克則加諸人，伐則自伐而已。克甚於伐，伐甚於怨，怨甚於欲，此其序也。

子曰：「士而懷居，不足以爲士矣。」

---

❶ 「恥也」，此二字當衍。

士之所尚在於志，志之所尚在於道。士而懷居，則非志於道者也，❶故「不足以爲士」。蓋物生於陵者，安於陵；生於水者，安於水。衆人不異乎物，則懷土而已，士則異於衆人，其可懷居哉？孔子曰「君子居無求安」。《傳》曰「晏安酖毒，不可懷也」。❷古之君子所以安土樂天，不累於物，視九夷如中國，不以爲陋，視陋巷如廣廈，不以爲憂，不過充是志而已。

子曰：「邦有道，危言危行；邦無道，危行言孫。」

天下有道，其言足以興，故「危言」；天下無道，其默足以容，故「言遜」。禹戒舜，以無若丹朱；周公戒成王，以無若商王受。周昌比漢高以桀、紂，劉毅比晉武以桓、靈，所謂「危言」也。孔子諾陽貨以將仕，閔子告魯使以善辭，所謂「言遜」也。蓋行所以行己，言所以應物。行己者，君子所以立道，故施于治亂則同；應物者所以趨時，故施于治亂則異。彼洩冶論衵服之戲於陳，❸李雲疏貂璫之封於漢，❹王嘉之言董賢，王章之言王鳳，李固之言梁冀，其言非不忠，然卒見誅者，以其不知言遜故也。

子曰：「有德者必有言，有言者不必有德。仁者必有勇，勇者不必有仁。」

---

❶「志」，四庫底本作「制」，纂修盧遂籤云「制宜作志」。
❷「傳」上，上圖抄本有「春秋」二字。
❸「衵」，上圖抄本作「祖」。
❹「貂」，上圖抄本作「貉」。

德至静也，其發則爲言；仁至柔也，其動則爲勇。顔子善言德行，有德者必有言也；子貢能言不能訥，有言者不必有德也。比干殺身以求仁，❶仁者必有勇也；子路能勇不能怯，勇者不必有仁也。蓋君子自得則爲德，應物則爲言，愛人則爲仁，惡人之害則爲勇。《艮》之六五，有德者也，則有言矣。《謙》之六五，有仁者也，「利用侵伐」，則有勇矣。《咸》之上六「騰口説」，《同人》九三之「敵剛」，此所謂「有言者，不必有德，勇者不必有仁也」。

南宫适問於孔子曰：「羿善射，奡盪舟，俱不得其死然。禹、稷躬稼而有天下。」夫子不答。南宫适出，子曰：「君子哉若人！尚德哉若人！」

善射、盪舟，力也。躬稼，德也。南宫适賤羿、奡，而貴禹、稷，尚德也。自其成德而言之，則曰「君子哉若人」。自其所言而言之，則曰「尚德哉若人」。禹與稷均曰「躬稼」，稷與禹均曰「有天下」者，禹曁稷「奏庶艱食」，則禹、稷之躬稼可也。文武之功起於后稷，則稷謂之有天下可也。言禹、稷躬稼，與孟子言禹、稷三過其門不入同。言稷有天下，與太伯以天下遜同。夫微莫微于一身，大莫大于天下。羿、奡之力，不足保其身，况天下乎？禹、稷之德，足以有天下，况一身乎？适言而當，故夫子不答。厲王好稼穡，芮伯刺之；樊遲請學稼，夫子非之，何耶？好稼學稼，爲利也。躬稼，爲德也。《傳》曰「后稷封殖于天下」。❷

❶「求」，上圖抄本作「成」。

❷「于」，上圖抄本無此字。

子曰:「君子而不仁者有矣夫,未有小人而仁者也。」

有成德之君子,有未成德之君子。成德之君子則于仁義無不盡,未成德之君子則于仁義有不能,所謂「君子不仁者有矣夫」。君子有勇而無義爲亂,此未成德之君子也。蓋仁者人之所尤難,顔子之于仁,則三月不違而已,其餘可知矣。故子路、公西赤之徒,孔子皆曰「仁則吾不知也」。❶

子曰:「愛之,能勿勞乎? 忠焉,能勿誨乎?」

勞之所以作其才,誨之所以達其善。愛之,而不忍勞之;忠焉,而不忍誨之:適所以賊之也。《禮》曰「細人之愛人也以姑息」,此愛而不忍勞之也。孟子曰「教人以善謂之忠」,此忠而能誨之也。蓋愛之者,仁也;勞之者,義也。忠焉者,義也;誨之者,仁也。君子處仁以義,然後仁;行義以仁,然後義。

子曰:「爲命,裨諶草創之,世叔討論之,行人子羽修飾之,東里子產潤色之。」

爲命,裨諶草創以始之,游吉討論以辨之,公孫揮修飾以洽之,國僑潤色以文之。蓋爲命專于一,則不能無失,資於衆智,然後盡善。鄭之爲命,必更四人然後成,此《春秋傳》所以謂其「鮮有敗事」也。列子曰「鄭之東里多才」,其子產之謂乎?

或問子產。❷ 子曰:「惠人也。」問子西。曰:「彼哉! 彼哉!」

---

❶ 「仁則吾不知」,上圖抄本作「不知其仁」。

❷ 「問」,上圖抄本、四庫底本作「謂」,館臣籤云「問誤謂」。

鄭之子西俯仰於子展、子產之間。其與殺子孔之專，❶則因子展而已；其與伐陳，則因子產而已：其才不足道也。楚之令尹子西，理百姓，實倉廩，百姓得所，楚王賢之，其才可知也。不狥白公仇鄭之謀，而終死于白公之亂，其正可知也。或問子西，孔子彼而弃之者，非楚之子西，意鄭之子西乎？老子曰「去彼取此」，彼者在所去，此者在所取。

問管仲。曰：「人也。奪伯氏駢邑三百，飯疏食，❷没齒無怨言。」

子曰：「貧而無怨難，富而無驕易。」

人也，猶言之人也。「奪伯氏駢邑三百」，「没齒無怨言」，至公也。桓公以仲爲聖人，施伯以仲爲賢人，荀卿以仲爲野人，其言各有當與？此謂人也異矣。駢邑三百，言奪之多；飯疏食，言貧之甚；没齒，言廢之久。蓋奪之雖多，而貧不甚，貧雖甚，而廢不久，其無怨則易，若伯氏則無怨難矣。故繼之以「富而無驕易」。江熙曰：「顔子無怨，不可及也。子貢不驕，猶可能也。」此之謂歟？孔子前言子産，則繼之以晏平仲，此則繼之以管仲者，荀子曰：「晏子功用之臣也，不如子産。子産惠人也，不如夷吾。」

子曰：「孟公綽爲趙、魏老則優，不可以爲滕、薛大夫。」

君子不器，無施而不可。不如君子，則器矣，有能有不能。故裨諶謀野則獲，于居屋則否；黄霸治郡則

---

❶「之」，上圖抄本作「子」。

❷「飯」，四庫底本作「飲」，館臣籤云「飯誤飲」。

長，于相國則不及。兵甲之事，文種不如范蠡；鎮撫國家，范蠡不如文種。面折廷争，陳平不如王陵；全社稷、安劉氏，王陵不如陳平。房玄齡善于謀而不能斷，杜如晦長于斷而不能謀。「孟公綽爲趙、魏老則優，不可以爲滕、薛大夫」，其才有能有不能也。老者成德之稱。王朝有天子之老，五官之長，❶「天子之老」是也。❷邦國有卿老，「國君不名卿老」是也。❸卿大夫則有家老，所謂「趙魏老」是也。

子路問成人。子曰：「若臧武仲之知，公綽之不欲，卞莊子之勇，冉求之藝。文之以禮樂，亦可以爲成人矣。」曰：「今之成人者何必然？見利思義，見危授命，久要不忘平生之言，亦可以爲成人矣。」

子問公叔文子于公明賈曰：「信乎，夫子不言，不笑，不取乎？」公明賈對曰：「以告者過也。夫子時然後言，人不厭其言；樂然後笑，人不厭其笑；義然後取，人不厭其取。」子曰：「其然，豈其然乎？」

智以知之，不欲以守之，勇以行之。據于德，❹所以立本；游于藝，所以存末。本末具，而又文之以禮樂，則于人道幾盡矣，故曰「可以爲成人」。子謂顔淵曰：「既能成人，而又加之以仁義、禮樂，成人之行也。」《傳》曰「人能曲直以赴禮者，❺謂之成人」，荀卿曰「能定所應之謂成人」，與此同意。《周官》大司徒之教

---

❶「五官」上，上圖抄本有「禮所謂」三字。

❷「天子」上，上圖抄本有「曰」字。

❸「國」上，上圖抄本有「所謂」二字。

❹「德」上，四庫底本有「本」字，館臣籤云「本德，本字多，宜删」。

❺「傳」上，上圖抄本有「春秋」二字。「人」，上圖抄本作「仁」。

民，終之以五禮六樂；孟子言事親從兄，亦終之以禮樂。是學至于禮樂，然後可以爲成人也。求言爲邦，曰「如其禮樂，以俟君子」。孔子于回之問爲邦，然後告之以禮樂，蓋惟回可語以成人故也。❶夫見利則忘義，見危則惜命，久要則忘信，世俗之情也。今也見利思義，則可以爲義；見危授命，❷則可以爲忠；久要不忘平生之言，則可以爲信。故曰「亦可以爲成人矣」，言今之成人。則文之以禮樂者，古之成人也。古之成人者由前，君子之事也。今之成人者由後，亦不失爲善人者也。武仲之智，未足以爲成人，而御叔以之爲聖人，不亦妄哉？「易簡而天下之理得，而成位乎其中」，則其爲成人，不特文之以禮樂而已也。

子曰：「臧武仲以防求爲後于魯，雖曰不要君，吾不信也。」

孔子論仲則以防求爲要，論成人則以仲爲智，如此則若無要君之事，而不免于要君，何也？《禮》曰：「道之不行，賢者過之。」子曰：「仲之智，❸綽之不欲，文之以禮樂，❹可以爲成人。」使仲賢而不至于過，❺智而濟之以不欲，是能無要君之心矣。❻《禮》曰：「事君三違而不出境，則利禄也。」人雖曰『不要君』，吾不

---

❶「人」下，上圖抄本有「之事」二字。

❷「授」，四庫底本作「受」，館臣籤云「受改授」。

❸「仲」上，上圖抄本有「臧武」二字。

❹「文」上，上圖抄本有「公」字。

❺「仲」上，上圖抄本有「武」字。

❻「能」，上圖抄本無此字。「心」，上圖抄本作「事君子之事」。

信也。」

子曰：「晉文公譎而不正，齊桓公正而不譎。」

齊桓公爲會而封異姓，晉文公爲會而滅同姓；桓責諸公以不貢天子，文會河陽以召天子；桓伐譚戎而不有，文滅曹而分其地；桓仇管仲而用，文親舅犯而疑；桓寓内政以復古，文作三軍以偪上；桓釋曹沬之刼而遇以信，文念衛侯之怨而加以酖：此其正譎之不同也。晉文之譎，非無正也；齊桓之正，非無譎也。觀其出定襄王以示民義，伐原以示民信，大蒐以示民禮，于君之命有三辭之恭，于國之利有三罪之當，此晉文之正也。然譎不勝正，故謂之「譎而不正」。前事則兄弟争國，内行則般樂奢汰，外事則詐邾襲莒，執陳轅濤塗以致戮于諸侯，親豎刁、易牙、開方，以搆于國，此齊桓之譎者也。然正能勝譎，故曰「正而不譎」。

若夫以王道觀之，則桓公之正猶之譎也。❶ 昔孟氏子曰「春秋無義戰」，愚曰：「五伯無王道。」

子路曰：「桓公殺公子糾，召忽死之，管仲不死。曰：『未仁乎？』」子曰：「桓公九合諸侯，不以兵車，管仲之力也。如其仁，如其仁。」

子貢曰：「管仲非仁者與？桓公殺公子糾，不能死，又相之。」子曰：「管仲相桓公，霸諸侯，一匡天下，民到于今受其賜。微管仲，吾其被髮左衽矣。豈若匹夫匹婦之爲諒也，自經於溝瀆而莫之知也？」

自仁之成名而言之，雖君子有所不仁；自所愛而言之，雖管仲有所施。蓋仁之所施，有殺身以成仁，有不

---

❶「猶之」，上圖抄本無「之」字。

死以成仁。殺身而不足以成仁者，召忽也；不死而足以成仁者，管仲也。孔子曰：「子糾未成君，召忽未成臣。管仲不死而立功名，未可非也；召忽雖死，過于取仁，未足多也。」魯仲連亦曰：「見小節者，不能成榮名；惡小恥者，不能立大功。」管仲不恥身在縲絏之中，而恥天下之不治；不恥不死公子糾，而恥威之不信于諸侯。夫以管仲之功，仲連能知之，而子路疑之者，自王道而論之，宜子路之爲疑也。桓公衣裳之會十有一而九盛，❶此所謂「九會諸侯不以兵車」也。首止之會，定王世子謂王，世子正則天下正，此所謂「一正天下也」。其伐山戎攘狄人以王，伐楚與厲而使夷狄不能刿其脉以蹈中國之腹，所謂「微管仲，吾其被髮左衽矣」。《傳》以兵車之會三，乘車之會六，爲九合不以兵車，兼兵車言之則誤矣。雖然，管仲相桓公，正天下，修内政，寓軍令，諸侯盟會于九合而不以兵車，功用可稱也。及其志滿意得，而塞門反坫，僭邦君之禮，故聖人小之。

公叔文子之臣大夫僎，與文子同升諸公。子聞之，曰：「可以爲『文』矣。」

衛靈公以文子聽衛國之政，修其班制以與四鄰交，衛國之社稷不辱，不亦文乎？孔子以「公叔文子之臣大夫僎，與文子同升諸公可以爲文矣」。蓋靈公以通隣國而交之者爲文，孔子以推人而下之者爲文。通隣國而交之，禮之文也；推人而下之，仁之文也。其所主雖殊，其爲文一也。

子言衛靈公之無道也，康子曰：「夫如是，奚而不喪？」孔子曰：「仲叔圉治賓客，祝鮀治宗廟，王孫賈治軍

---

❶ 「裳」，四庫底本作「棠」，館臣籤云「裳誤棠」。

旅。夫如是，奚其喪？」

國以賢興，以諂衰；君以忠安，以佞危。三仁在商而商不亡，多賢在楚而秦不伐。百里奚去虞而虞亡，在秦而秦霸；由余去戎而戎亡，在秦而秦强。故共公任小人，而魯人知其無依，衛多君子，而霸主知其無患，❶此《孝經》所謂「諸侯有諍臣，雖無道不失其國」，《詩》所謂「人之云亡，邦國殄瘁」也。靈公雖無道，然治賓客則有仲叔圉，治宗廟則有祝鮀，治軍旅則有王孫賈，故孔子曰「奚其喪」。孔子對魯公曰「靈公于私家則亂，朝廷行事則賢」，伯常騫曰「靈公同濫而浴，史鰌奉御而進所，搏幣而扶翼，❷其慢若此之甚也，見賢人若此之肅也」，蓋以此歟？爲治之道，柔遠然後能邇。故治賓客爲先，宗廟次之，三軍之運，❸德之末也，故軍旅爲後。

子曰：「其言之不怍，則爲之也難。」

言忠信則不怍，行顧言則能爲之。爲之道也難，則言之不怍，期是矣。言之不怍，則行成亦貴于不怍矣。揚子曰：「言不慚，行不恥。」《書》曰：「行之惟艱。」

陳成子弑簡公。孔子沐浴而朝，告於哀公曰：「陳恒弑其君，請討之。」公曰：「告夫三子。」孔子曰：「以吾從

---

❶「霸主」，上圖抄本作「蘧伯玉」。

❷「搏」，上圖抄本作「博」。

❸「軍」下，上圖抄本有「五兵」二字。

大夫之後，不敢不告也。君曰『告夫三子』者。」之三子告，不可。孔子曰：「以吾從大夫之後，不敢不告也。」臣弑君，子弑父，凡在官者殺無赦。陳恒弑簡公，孔子請討之。蓋曰：請之者，吾之職也。行不行，君之事也。吾之職不可不盡，君之事吾何與焉？故曰「不敢不告」。然則魯弱齊强，攻之不亦難乎？孔子曰：「陳恒弑君，而民不與者半。以魯之衆，加齊之半，可克也。」此言「之三子告，不可」。《春秋傳》以爲不告，誤矣。❶

子路問事君。子曰：「勿欺也，而犯之。」

孟子曰「非堯、舜之道，不敢陳」，勿欺也。《禮》曰「事君有犯而無隱」，犯之也。勿欺，忠也；犯之，義也。由于孔子而欲爲臣一事，❷則欺而不忠；于顓臾之伐而不救，❸則順而不犯。故其問「事君」，而告之如此。《孝經》曰：「進思盡忠，退思補過。」盡忠則勿欺，補過則有犯。

子曰：「君子上達，小人下達。」

子曰：「古之學者爲己，今之學者爲人。」

形而上者，道也；形而下者，事也。君子事道故「上達」，小人事事故「下達」。孔子曰：「中人以上，可以語

---

❶「誤」上，上圖抄本有「季孫」二字。

❷「由于孔子而欲爲臣一事」，上圖抄本作「子路於孔子而欲使門人爲臣」。

❸「于顓臾之伐」，上圖抄本作「於季氏伐顓臾」。

上；中人以下，不可以語上。」子曰：「古之學者爲己，今之學者爲人。」荀子曰：「君子之學以美身，小人之學以禽犢。」揚子曰：「大人之學爲道，小人之學爲利。」則爲道以美其身者，爲己者也；爲利以爲禽犢者，爲人者也。范曄曰：「爲己者，因心以會道；爲人者，憑譽以顯物。」蓋爲己者，未嘗不爲人；爲人者，必不能爲己。楊朱第知爲己而已，墨翟第知爲人而已，若孔子則爲己而不忘人，爲人而不忘己者也。故曰「我學不厭而教不倦」，彼學以爲人，教以爲己者，豈知此哉？宜原憲所以不忍爲也。

蘧伯玉使人於孔子。孔子與之坐而問焉，曰：「夫子何爲？」對曰：「夫子欲寡其過而未能也。」使者出，子曰：「使乎！使乎！」

孔子以蘧伯玉「汲汲於人，以善自終」，莊子以蘧伯玉行年六十化。公叔文子欲葬於瑕丘，而伯玉請行，孫文子欲報衛君，而伯玉辭之以不知。季札適衛，而稱其君子，史鰌屍諫，而稱其賢。則伯玉「欲寡其過」也，信矣！曰「使乎」，善其言之信也。《詩》之《皇華》以「周爰咨諏」爲使之美，《莊子》以「相靡以信，忠信之言」爲使之事，則使者以忠信爲主也。公明賈之溢美公叔文子以「不言、不笑、不取」，宋師紿魯以「鄭師未及國」，則異乎此矣。

子曰：「不在其位，不謀其政。」重出。

子曰：「君子思不出其位。」❶

❶「子曰」，上圖抄本作「曾子」。

事君處其位而不履其事則亂，不在其位而謀其政則冒。亂者，非所謂知務也；冒者，非所謂知分也。

子曰：「君子恥其言而過其行。」

君子之於天下，與其言不足而行有餘，孰若行有餘而言不足？故不恥行過言，而常恥言過行。此仲尼之徒善爲説辭，不若善言德行者之爲優也。

子曰：「君子道者三，我無能焉：仁者不憂，知者不惑，勇者不懼。」子貢曰：「夫子自道也。」

子貢方人。子曰：「賜也賢乎哉？夫我則不暇。」

不器於人者，然後能器人；器於人者，不可以器人。子貢器于人而已，其方人也，不亦過乎？孔子曰：「賜也賢乎哉？」以賢者過之也。子貢對衛將軍文子則謂顏淵之相，冉雍有志之君子，仲由才任治戎，冉求好學博藝，至於公西赤、顓孫師、曾參、卜偃、滅明、高柴、南容之徒，莫不在其所議。而孔子笑之，蓋譏其方人之過也，故子以爲不暇。左氏之品藻，班固之變弄，不免後世之譏者，以其不能器人也。子曰：「不逆詐，不億不信。抑亦先覺者，是賢乎！」詐在行，不信在言，逆者迎而知之，億者度而知之。君子之于人，遇之以誠而不察之以智，照之以天而不照之以人，此揚子所以言「不姦姦，不詐詐」也。不姦姦，故不億不信；不詐詐，故不逆詐，是乃先覺之所以爲賢也。若夫任前識之明，上太察之智，❶則刻核之至。忠信有時而見疑，是乃昧者所以爲不肖也。舜之於象，不以僞喜而不喜；周公之於管、蔡，不以不賢而不

❶「上」，上圖抄本作「尚」。

封，凡此不逆不億也。子貢之屢中，郤雍相盜失，是矣。

微生畝謂孔子曰：「丘何爲是栖栖者與？無乃爲佞乎？」孔子曰：「非敢爲佞也，疾固也。」

能仕者必貴乎能已，能已者必貴乎能仕。仕而不能已，已而不能仕，守一而不知變者也，固者之所爲，君子疾諸。孔子「三月無君，則皇皇如也」，則其栖栖然動静無操持者，非爲佞也，疾固以事道而已。孰謂微生畝足以知孔子？

子曰：「驥不稱其力，稱其德也。」

君子絶德，小人絶力。故驥所以喻君子，而不如驥者所以喻小人。揚子曰「齊馬以驥」，又曰「睎驥之馬，亦驥之乘」，或以譬仲尼，或以譬顏回，以驥有德也。适賤羿、奡，尚禹、稷，孔子所以美之者以此。

或曰：「以德報怨，何如？」子曰：「何以報德？以直報怨，以德報德。」

復讐者，人之所不能免，先王之所不能禁，特爲之法以制之而已。《周官·調人》「凡殺人而義者，令勿讐」。❶則殺人而不義者，在法之所不宥，❷以可殺者必避之也。《朝士》：「凡報仇讐者，書于士，殺之無罪。」則應避而不避，其書于士，而殺之可也。然則先王復讐之法不行，「凡有罪辜，乃罔常獲，小民方興，相爲敵讐」，由是殺人之父也，人亦殺其父，殺人之兄也，人亦殺其兄，干戈相尋，莫之或息，豈特復其不

❶ 「勿」，四庫底本無此字，館臣籤云「令讐當作令勿讐」。

❷ 「宥」，四庫底本作「看」，館臣籤云「看字宜作宥字」。

讐，避者而已哉？于是有問孔子曰：「以德報怨，何如？」孔子曰：「以直報怨，以德報德。」蓋以直報怨，則民有所懲；以德報德，則民有所勸。以直報怨，義也；以德報德，仁也。老子曰：「以德報怨。」《禮》曰：「以德報怨，寬身之仁也；以怨報德，刑戮之民也。」蓋以德報德者，德也，則《詩》所謂「報之以瓊琚」者也；以怨報德者，事也，則《詩》所謂「反以我爲仇」者也。昔豎牛之于叔孫昭子，盧蒲葵之於慶舍，寒浞之于后羿，公勝之于巢公，皆以怨報德者也。❶

子曰：「莫我知也夫！」子貢曰：「何爲其莫知子也？」子曰：「不怨天，不尤人，下學而上達。知我者，其天乎？」

孔子言「莫己知也」，繼之以「不怨天，不尤人」。蓋曰「莫我知」者，豈天與人使之然哉？命也。天道遠而難知，故曰「怨」；人道邇而可指其掌，❷故曰「尤」。下學而上達，則始于窮理，終于知命，始于仁義，終于天道，如此則與天同矣。故曰：「知我者，其天乎？」荀子曰：「自知者不怨人，知命者不怨天。怨人者窮，怨天者無志。失之己，反之人，豈不亦迂哉？」孔子不怨不尤，與反之人者異；下學上達，與失之己者異。

公伯寮愬子路于季孫。子服景伯以告，曰：「夫子固有惑志于公伯寮，吾力猶能肆諸市朝。」子曰：「道之將行也與，命也；道之將廢也與，命也。公伯寮其如命何！」

---

❶「也」下，上圖抄本有「刑戮之民孰大於此」八字。

❷「邇」，四庫底本作「達」，館臣籤云「達字宜改邇字」。

不知命者，以興廢在人而有所難辨，子服景伯是也。知命者，以興廢在天而無所校，孔子是也。蓋道待命而後行，命待道而後立。以道處命則死生無所恤，以命處道則廢興無所累。君子之於道命，雖死生不得與之，況廢興乎哉？孔子于伯寮言命，孟子于臧倉言天，其致一也。

子曰：「賢者辟世，其次辟地，其次辟色，其次辟言。」

子曰：「作者七人矣。」

子路宿於石門。晨門曰：「奚自？」子路曰：「自孔氏。」曰：「是知其不可而爲之者與？」

子擊磬於衛。有荷蕢而過孔氏之門者，曰：「有心哉，擊磬乎！」既而曰：「鄙哉，硜硜乎！莫己知也，斯己而已矣。深則厲，淺則揭。」子曰：「果哉，末之難矣！」

伯夷居海，管寧浮海，「辟世」也；危邦不入，亂邦不居，「辟地」也；色斯舉矣，禮貌衰則去之，「辟色」也；聲音之詭，人則去之，「辟言」也。「作者七人」，則伯夷、叔齊、虞仲、夷逸、朱張、柳下惠、少連是也。之七士者，皆成德之逸民，故或辟世、辟地、辟言，而去就進退之理備矣。至于孔子，則集七人之大成，可以仕則仕，可以止則止，故曰「我則異于是，無可無不可」。揚子曰：「聖人不遁乎世，不離乎群。」莊周曰：「古之所謂隐，牛馬以伏其身而勿見也，非閉其言而不出也，非藏其智而不發也。當時命行乎天下，則反一無迹；不當時命窮乎天下，則深根寧極而待。」此所謂「無可無不可」者也。古之所謂「大隐」，如是而已。彼晨門譏其不可爲而爲，荷蕢譏其莫知而不止，豈知此哉？然聖人之有爲，常出于無爲；其有心，常出于無心。荷蕢之聞磬，知其有心，而不得其無心，則其所知也淺矣。季咸之于列子，知其氣機而不知其未始出吾宗，亦若此也。晨門，司晨昏之啟閉者也。《周官》以昏閉言之，則曰「閽人」；《論語》以晨啟言之，則曰「晨門」。

子張曰：「《書》云：『高宗諒陰，三年不言。』何謂也？」子曰：「何必高宗，古之人皆然。君薨，百官總己以聽於冢宰三年。」

斬衰之喪，唯而不對；齊衰之喪，對而不言。高宗三年不言，蓋禮然也。子張以人君不能三年，則以今疑古，故問曰：「何謂也？」孔子以古陋今，故曰：「何必高宗，古之人皆然。」《詩》之《素冠》「刺不能三年」，滕之父兄、百官皆不欲三年，則孔子之時可知矣。❶

子曰：「上好禮，則民易使也。」

兩貴不能相事，兩賤不能相使。上好禮，則不敢輕于使民。民好禮，則知分，未有不易使者矣。蓋禮以敬民，則使民如承大祭。民好禮以敬上，則孰疾視其長上爲哉？故曰「上有所好，下必有甚焉」者矣。

子路問君子。子曰：「修己以敬。」曰：「如斯而已乎？」曰：「修己以安人。」曰：「如斯而已乎？」曰：「修己以安百姓。修己以安百姓，堯、舜其猶病諸？」

《書》稱堯之德，始于「欽明」，中于「平章」，卒于「於變」。❷「欽明」者，修己以敬也。「平章」者，安人也。

---

❶ 「時」上，四庫底本有「能」字，館臣籤云「能字多，宜删」。

❷ 「於變」上，上圖抄本有「黎民」二字。下同。

「於變」者，安百姓也。❶老子言修之身，而其終至于天下修，《禮》言「毋不敬」，而其効至于安民，與此同意。修己以敬，自愛也。修己以安百姓，博愛也。夫正者未必安，而安者必以正。孟子以正己而物正爲大人之事，則修己以安百姓者，聖人之事也。堯、舜于此可以不修，而猶病之者，以其不免有竄殛之刑故也。《書》曰「安民則惠，惟帝其難之」，此之謂歟？《孝經》言「得人之歡心」，又言「得百姓之歡心」，是人不及百姓之衆也。

原壤夷俟。子曰：「幼而不遜弟，長而無述焉，老而不死，是爲賊。」以杖叩其脛。

無述則無所取，賊則有所害。莊子曰「人而無以先人，是人之謂陳人」，曾子曰「少稱不弟焉，恥也；壯稱無德焉，辱也；老稱無禮焉，罪也」，荀子曰「少而不學，長無能也」，此「無述」之謂也。以杖叩脛，責之而已，所謂故者無失其爲故也。

闕黨童子將命。或問之曰：「益者與？」子曰：「吾見其居於位也，見其與先生並行也。非求益者也，欲速成者也。」

居位則不遜，並行則不弟。將命非童子之事，而夫子使之者，以其欲速者也，故因命而教之耳。孟子好貨、好色、好勇、好樂而教之，與此同意。

---

❶「安」上，上圖抄本有「修己以」三字。

論語全解卷八

衛靈公第十五

衛靈公問陳于孔子。孔子對曰：「俎豆之事，則嘗聞之矣；軍旅之事，未之學也。」

天根問爲天下于無名人。❶ 無名人曰：「汝，鄙人也，何問之不豫也。」靈公問陳于孔子，亦若是而已。此孔子對以「俎豆之事，則嘗聞之；軍旅之事，未之學也」。古者文事必有武備，武備必有文事，故射御之事寓于禮，干戚之事寓于樂，則君子之學禮樂也，軍旅之事未嘗不在其中矣。孔子于夾谷之會，則以兵加萊人而齊人恐；于費人之亂，則命將士伐之而費人北。嘗曰：「我戰則克。」而冉有亦曰：「聖人文武並用。」則孔子于軍旅之事，曷嘗未學之？蓋有所不言爾。孔子于孔文子亦曰：「簠簋之事，則嘗學之；甲兵之事，未之聞也。」其所對與靈公同，其所以責之之意與靈公異。

明日遂行。在陳絶糧，從者病，莫能興。子路愠見曰：「君子亦有窮乎？」子曰：「君子固窮，小人窮斯

❶「無名」，上圖抄本作「無爲」。下同。

濫矣。」

子曰：「賜也，女以予爲多學而識之者與？」對曰：「然，非與？」曰：「非也，予一以貫之。」

子曰：「由！知德者鮮矣。」

君子無常産而有常心，則固于窮。小人無常産因無常心，故窮斯濫。君子窮則樂，❶小人窮斯濫。多學而識，則博于文而不知約，故所知者事；以一貫之，則通于一而萬事畢，故所知者德。知德則自得而已，故窮亦樂，通亦樂；知事則徇外而已，故醜窮而色作。子貢在陳則色作，子路則愠見，于此時言「由，知德者鮮」，則愠見與色作矣。孔子于子貢、曾子皆言以一貫之。所以語之也，❷子貢不知德，則多學而已，曰「予一以貫之」者，曾子之學可以語道，曰「吾道一以貫之」，所以誘之也。曾子唯而不辨，子貢聞而不問，于聖人之體不能具也。

子曰：「無爲而治者其舜也與？夫何爲哉？恭己正南面而已矣。」

繼治世而不用衆，不能無爲；用衆而不繼治世，亦不能無爲。舜之無爲，以其襲堯于其上，而用衆于其下故也。孔子曰：「舜有臣五人，而天下治。」揚子曰：「襲堯之爵，行堯之道，無爲矣！」或言「有臣」，或言「襲堯」，蓋皆有爲言之也。然則舜之所以無爲，非夫二者之備，則未之暇矣。《禮》曰：「君子南鄉。天道

---

❶「樂」下，上圖抄本有「而詳固窮也」五字。

❷「所以語之也」，依文義，當在下文「曰予一以貫之者」句下。

拱于北，而與物辨；降于南，而與物交。」南面而聽者，道取諸此也。先王制禮：冕則玄表而朱裏，服則玄衣而纁裳，位則背北而南面，其義一也。

子張問行。子曰：「言忠信，行篤敬，雖蠻貊之邦，行矣。言不忠信，行不篤敬，雖州里，行乎哉？立則見其參于前也，在輿則見其倚于衡也，夫然後行。」子張書諸紳。

欲實莫如忠，欲當莫如信，致敬盡力莫如敦篤。言忠信，則言滿天下無口過。行篤敬，則行滿天下無怨惡。故曰：「雖蠻貊之邦，行矣。」言不忠信，行不篤敬，則反此。故曰：「雖州里，行乎哉？」昔河梁丈人以忠信，入水而不溺；商丘開以至信，入火而不爇。《詩》以欽恭明神，宜無悁怨。夫以水火鬼神，猶可以忠信篤敬親之，而況于人乎？此所以近之于州里，遠之于蠻貊，莫適而不行也。蓋子張持嘐嘐之志，而其行不掩，飾堂堂之容，而難于與爲仁，則于忠信篤敬有所不盡，故孔子告之如此。「立則見其參于前，在輿則見其倚于衡」，與「見堯于牆」同意。「子張書諸紳」，與季路抱五慎之誡，趙孟佩九言之箴，西門豹之佩韋，董安于之佩弦同意。觀古人之佩玉，有瑜瑕不掩之忠，孚尹旁達之信，垂之墜之之禮，則子張以忠信篤敬之言，書之于紳宜矣。《周官》州里之名，别而言之，在鄉則有州，在遂則有里，合而言之，凡所居者皆謂之里，所聚者皆謂之州。《論語》之言里則與《鄉大夫》、《司常》所謂里同，言州則與《鄉師》、《鄉大夫》、《司常》所謂州異。

子曰：「直哉史魚！邦有道，如矢；邦無道，如矢。君子哉蘧伯玉！邦有道，則仕；邦無道，則可卷而懷之。」

史魚能直而已，故「邦有道，如矢；邦無道，如矢」。伯玉則能曲直以趨時，故「邦有道，則仕；邦無道，則可卷而懷之」。《傳》曰：「正直爲正，正曲爲直，❶參和爲仁。」史魚可謂「正曲」者也，伯玉可爲「參和」者也。觀史魚之死，猶以屍諫，❷則其直可知矣。然《書》「九德」之直，則濟之以温。《詩》「頌」之直，則齊之以不倨。仲山甫直而柔，衛武公直而和，如此然後無崖異之行，而全中和之德。史魚之直則異于是，故孔子謂之直，而不謂之君子也。季札於史魚、伯玉皆稱君子者，以其有君子之行，謂之君子可也。孔子以志士同仁人而稱仁，孟子以勾踐同文王而稱知，揚子以黔婁同顏淵而稱賢，與此同意。君子之于人，其言之也，與其失真，寧過其實。故季札以之爲君子則可，荀卿以之爲姦人則不可。

子曰：「可與言而不與之言，失人；不可與言而與之言，失言。知者不失人，亦不失言。」

知人則不失人，知言則不失言。孔子于程子則不失人，于孺子則不失言。孟子于章子則不失人，于王驩則不失言。然此中道也。鄙夫問我，❸則不必中道矣。

子曰：「志士仁人，無求生以害仁，有殺身以成仁。」

---

❶「直」，上圖抄本作「貞」。

❷「諫」下，上圖抄本有「靈公」二字。

❸「我」下，上圖抄本有「我叩其兩端而竭焉」八字。

生我所欲，所欲有甚于生者，❶舍生而取義，此「無求生以害仁」也。死我所惡，所惡有甚于死者，患有所不辟，此「殺身以成仁」也。無求生以害仁，伯夷是也；殺身成仁，比干是也。非特仁人爲然，志士亦能之，故孟子曰：「志士不忘在溝壑。」子張曰：「見危致命。」志士則利仁，仁人則安仁。或安而行之，或利而行之，其成功一也。《列子》稱伯曰：「仁義使我愛身。」而後名仲曰：「仁義使我身名並全。」然則爲仁之道，豈待殺身而已哉？孔子言之姑以救弊云。

子貢問爲仁。子曰：「工欲善其事，必先利其器。居是邦也，事其大夫之賢者，友其士之仁者。」❷工之于事，待器然後善；君子之於仁，待器而後成。大夫之賢者，則教我者也，故事之；士之仁者，則輔我者也，故友之。孟子言仁賢，則由仁而後賢；《春秋傳》言仁賢，則以佐賢而已。是賢者必仁，仁者不必賢。大夫以智帥人者也，故言賢；士則以才者也，故言仁。于賢者，事之所以尊之也；于仁者，友之所以親之也。周公誥康叔于大史、内史言友，❸于服休、服采言事；宓子賤于五賢則事之，于十一人則友之；惠公于子思則事之，于顔般則友之：皆此意也。對而言之，則事賢而友仁；通而言之，賢可言友，仁可言

❶「所欲」，四庫底本無此二字，館臣籤云「當添所欲二字」。
❷「士」，原誤作「事」，據《論語》通行本改。
❸「周公」下，上圖抄本有「之」字。

事。《詩》曰「友賢不棄」，《易》曰「休復下仁」，是也。子貢好與不如己者處，故告之。❶

顔淵問爲邦。子曰：「行夏之時，乘殷之輅，服周之冕，樂則《韶》舞。放鄭聲，遠佞人。鄭聲淫，佞人殆。」

商、周推天地之氣而爲正，故文；夏據人所見者爲正，故質。《春秋傳》言「大輅越席，昭其儉也」，孔子言「麻冕，禮也，今也純，儉」。則乘殷之輅，大輅也。服周之冕，麻冕也。禮貴質、儉，故以夏時、商輅、周冕；樂貴美、善，故以《韶》舞。蓋禮莫盛于三王，樂莫盛于五帝，故言禮則夏、商、周，樂則《韶》舞。《禮記》于五帝稱不相襲禮，于三王稱不相沿樂，放遠之。則舜命九官，終于夔之典樂，龍之納言。蓋有典樂，則鄭聲放；有納言，則佞人遠。爲治至于鄭聲放，佞人遠，則治之至也。孔子之門人，惟回之賢，可以爲王者之佐，故其問爲邦，而告之以此。孔子嘗曰：「《詩》云：『媚兹一人，應侯順德。』」以其可以爲王者之佐故也。蓋言之入人不如聲之深，故于鄭聲言淫，于佞人言殆而已。堯、舜于巧言令色、壬人猶病其難，則其戒顔淵宜矣。于淵猶然，况餘人乎？夫鄭聲之害，不及佞人；佞人之害，不及利口。故孔子于鄭聲言淫，于佞人言殆，于利口則言覆邦家也。孟子于佞人言亂義，于利口言亂信，是利口之所亂者過于佞人，不多言而明矣。❷

子曰：「人無遠慮，必有近憂。」

❶ 「之」下，上圖抄本有「如此」二字。

❷ 「不多言而明」，上圖抄本作「遠」。

先事而慮之，遠慮也；事至而憂之，近憂也。「人無遠慮，必有近憂」，則有遠慮必無近憂矣。《春秋傳》曰：「君子有遠慮，小人從邇。」蓋聖人無思則無慮，小人從邇則不能遠慮。❶夫善于遠慮則長慮顧後者也，❷不善于遠慮則私憂過計者也。《易》曰：「君子思患而預防之。」荀卿曰：「先事慮患。」善于遠慮者也。墨翟憂天下之不足，杞子憂天地之壞，❸不善于遠慮者也。孔子曰：「處身而常佚者，志不廣。居下而無憂者，思不遠。」然則君子之有終身之憂，是以有遠慮也。惟其有終身之憂，故無近憂。孔子告冉有曰：「遠人不服，不能來也。吾恐季孫之憂，在蕭牆之内也。」❹此謂「人無遠慮則必有近憂」。

子曰：「已矣乎！吾未見好德如好色者也。」

《詩》言「已焉哉」，接輿言「已而，已而」，孔子言「已矣乎」，皆决辭也。孔子于「鳳鳥不至，河不出圖」、「吾未見能見其過而内自訟」、「吾未見好德如好色」，皆言「已矣乎」，則鳳鳥不至，河不出圖，傷其無時也。未見自訟與好德，傷其無人也。好德出于性，好色本乎情，以性勝情爲君子，以情易性爲小人。

子曰：「臧文仲其竊位者與？知柳下惠之賢而不與立也。」

---

❶「慮」下，上圖抄本有「則君子而已」五字。
❷「夫」，上圖抄本作「然」。
❸「子」，上圖抄本作「人」。
❹「在」上，上圖抄本有「不在顓臾而」五字。

文子曰：「知人之謂智，愛賢之謂仁。」文仲知柳下之賢而不與立，非不智也，不仁而已。不仁者，抑人以自高，棄人以自利，此偷天工以私己者也，故謂之「竊位」。曾子曰：「無益而受厚禄者，竊也。」夫管仲非不賢于鮑叔，子産非不賢于子皮。孔子以鮑叔、子皮爲賢，以管仲、子産爲不賢者，以鮑、皮能進管、産，而仲、僑不能進賢也。公孫弘不舉董仲舒，汲黯不以爲忠；虞立不舉孫叔敖，樊姬不以爲賢：凡此皆竊位者也。古者薦賢受上賞，蔽賢蒙顯戮。然竊位而不蒙戮也，幸矣！荀子曰：「蔽公者謂之昧，隱良者謂之妬。妬昧之臣，國之孽也。」

子曰：「躬自厚而薄責于人，則遠怨矣。」

君子爲己不重，而責己重以周；爲人不輕，而待人輕以約。重以周故自厚，輕以約故薄責。君子之交，盡己之歡而不盡人之歡，竭己之忠而不竭人之忠。《鄉飲酒》之酬賓，主人卒觶而賓不舉，亦是意也。湯之檢身若不及，與人不求備。❶ 孔子于聖仁不敢居，❷于管仲則稱仁，蓋以此歟？ 然此非中道也。有己然後求人，❸無己然後非人，此爲中道。❹

❶「人」下，上圖抄本有「則」。
❷「仁」，上圖抄本作「人」。「居」，上圖抄本無此字。
❸「有」下、「求」下，上圖抄本並有「諸」字。
❹「爲」上，上圖抄本有「所以」二字。

子曰：「不曰『如之何，如之何』者，吾末如之何也已矣。」

老子曰：「爲之于未有，治之于未亂。」《書》曰：「制治于未亂，保邦于未危。」《詩》曰：「迨天之未陰雨，徹彼桑土，綢繆牖户。」《易》曰：「其亡其亡，係于苞桑。」《禮》曰：「言前定則不跲。」❶荀卿曰：「先事慮謂之健，先患慮謂之豫。」揚子曰：「用智于未奔。」此皆思患豫防。而「不曰『如之何』，吾末如之何也已矣」，此之謂魚去沙而思于木，轂碎破而大其輻。渴而鑿井，鬬而鑄錐，則將噬臍無及矣。古之善用兵者，以虞待不虞；善醫者，不治已病治未病：况君子之于事乎？

子曰：「群居終日，言不及義，好行小慧，難矣哉！」

「言不及義」，則利而已，非所謂正言。「好行小慧」，則鑿而已，非所謂正行。揚子曰：「頻頻之黨，賊夫糧食。」

子曰：「君子義以爲質，禮以行之，孫以出之，信以成之。君子哉！」

「義以爲質」，則「禮以行之，孫以出之，信以成之」者，文也。義以禮行之則中，以孫出之則和，有中有和而又以信終始之，此所以爲君子也。《傳》曰「禮以行義」，❷荀卿曰「行義以禮，然後大」，《太玄》曰「成之者

❶「跲」，上圖抄本作「困」。

❷「傳」上，上圖抄本有「春秋」二字。

信」，此「禮以行之，信以成之」之謂也。然禮與義常相爲依用，❶方其以禮爲體，則義爲用，故《易》言「敬以直内，義以方外」。禮有之，❷禮者，義之本也。

子曰：「君子病無能焉，不病人之不己知也。」

子曰：「君子疾没世而名不稱焉。」

子曰：「君子求諸己，小人求諸人。」

君子病己之無能，而不病人之不己知，則雖愚必明，雖柔必强。「疾没世而名不稱」，則名不浮行，行必浮名。病爲重，疾爲輕。病己之無能，則務本者也，是以言病。「没世而名不稱」，抑末而已，故言疾。

子曰：「君子矜而不争，群而不黨。」

矜惜其行，則與人異，與人異，則疑于有争。矜而不争，禮也。群居則與人同，與人同，則疑于有黨。群而不黨，義也。子曰：「君子和而不同。」和則矜而不争，不同則群而不黨。矜故不失己，不争故不失人；群故不失人，不黨故不失己。處己而思，所以處人則禮；處人而思，所以處己則義：君子之道也。今夫水之于物不争，老子以爲幾道。羔羊于群不黨，《詩》人以爲有德。❸君子之不争、不黨，本于道德故也。不争

---

❶「依」，上圖抄本作「體」。
❷「有之」，上圖抄本作「言」。
❸「人」，上圖抄本無此字。

也，❶有所謂争，聞義争爲，不義争改，射與投壺争勝，君子之争也。不黨也，有所謂黨，于交則有顯黨，于居則有鄉黨，君子之黨也。

子曰：「君子不以言舉人，不以人廢言。」

言有誠僞，❷人有賢不肖。言善而人不肖，舉之則不智。人不肖而言善，廢之則不仁。宰予之言，孔子不取；嗇夫之辨，釋之排之：不以言舉人也。陽貨之言，孟子不棄；愚者之言，智者擇焉：不以人廢言也。君子不以所長信所短，不以所短掩所長。

子貢問曰：「有一言而可以終身行之者乎？」子曰：「其恕乎！己所不欲，勿施于人。」

孔子曰：「一言有益于智，莫如豫；一言有益于仁，莫如恕」，「君子之于仁，造次必于是，顛沛必于是」。而恕則近仁，故可終身行之也。桓王以食菜之田與鄭，白圭以鄰國爲壑，豈知此哉？《春秋傳》曰：「恕而行之，德之則也，禮之經也。」蓋則與經，立本者也，立本則與趨時者異矣，故可終身行之。

子曰：「吾之于人也，誰毀誰譽？如有所譽者，其有所試矣。斯民也，三代之所以直道而行也。」

譽起于所好，毀起于所惡。能好人則所譽無溢美，能惡人則所毀無怨惡。君子之于人，豈容心于好惡毀譽哉？凡因彼而已，故曰「如有所譽，必有所試」。有所試則名實當，故民不至枉道以求譽，故曰「斯民

❶「不」上，上圖抄本有「然」字。

❷「誠僞」，上圖抄本作「誕信」。

也，三代之所以直道而行也」。譽則有所勸，毀則有所沮。有所勸則仁，有所沮則義。聖人在下見于言，故有毀譽；聖人在上見于行，故有賞罰：其致一也。孟子言「不虞之譽，求全之毀」，揚子言「妄譽仁之賊，妄毀義之賊」，皆非直道故也。

子曰：「吾猶及史之闕文也，有馬者借人乘之。今亡已夫！」

史喻馬，闕喻借。人于文不能知，則俟知者知之可也；于馬不能乘，則借能者乘之可也。孔子之時，子張、子游之徒，猶不能闕其所不知，況餘人乎？此孔子所以謂「吾猶及史之闕文，今也則亡」。孔子曰：「聽遠音者，聞其聲，不聞其舒；望遠者，察其貌，不察其形。」立乎定、哀以指隱、桓，隱、桓之日遠矣。夏五傳疑也，蓋君子之所慎而不苟也如此。

子曰：「巧言亂德。小不忍，則亂大謀。」

巧言似忠信，故亂德；小不忍則優柔不斷，故亂大謀。巧言必察之以智，小不忍必齊之以義。蓋持狐疑之慮者，無過人之略；懷隱忍之心者，無必成之功。蝮之螫手則斬手，螫足則斬足，非惡手足而樂去之也，以爲愛其一肢，則害于四體也。鄭伯之于叔段，齊桓之于豎刁、易牙，葉公之于公勝，唐之于全忠、禄山之徒，皆養虎自遺患者也。

子曰：「衆惡之，必察焉；衆好之，必察焉。」

衆惡之中有君子，衆好之中有小人，如之何而勿察？

子曰：「人能弘道，非道弘人。」

人有志于道，故能弘道；道無情于人，故非弘人。「我欲仁，斯仁至矣」，「人能弘道」也。小以成小，大以成大，「非道弘人」也。《易》曰：「苟非其人，道不虚行」，「神而明之，存乎其人」。《禮》曰：「禮儀三百，❶威儀三千，待其人而後行。」又曰：「制度在禮，文爲在禮。行之其在人乎！」

子曰：「過而不改，是謂過矣。」

過而能改，則自無過矣，故物之所責，悔而後致吉。

子曰：「吾嘗終日不食，終夜不寢以思，無益，不如學也。」

「思而不學則殆」，❷思而無益，不如學也。老子曰：「爲學日益。」

子曰：「君子謀道不謀食。耕也，餒在其中矣；學也，禄在其中矣。君子憂道不憂貧。」

耕者志于利而害在其中，學者志于道而利在其中。君子所以謀道不謀食，憂道不憂貧也。《詩·權輿》則謀食，《北門》則憂貧，何耶？《權輿》之謀食也，實非謀食也，責其禮之不至也。《北門》之憂貧也，實非憂貧也，傷其志之不得也，與徒餔啜、羞貧賤者異。

子曰：「知及之，仁不能守之，雖得之，必失之。知及之，仁能守之，不莊以涖之，則民不敬。知及之，仁能守之，莊以涖之，動之不以禮，未善也。」

---

❶「禮儀」，上圖抄本作「曲禮」。

❷「思」上，上圖抄本有「學而不思則罔」六字。

知與仁，德也，君子以之處己；莊與禮，行也，君子以之接人。知所以盡性，知窮理而不知盡性，則所學不固，故曰「雖得之，必失之」。莊者，仁知之容；禮者，仁智之文。以莊涖事，則民敬；以禮而動，然後善，故曰「動之不以禮，未善也」。仲弓知及之，故孔子告之以「承大祭，見大賓」。顔子仁能守，莊能涖，未能動之以禮者也，故孔子告之以「復禮」。動以禮，聖人之事，孟子曰：「動容周旋中禮，盛德之至也。」

子曰：「君子不可小知而可大受也，小人不可大受而可小知也。」

大知、小知存乎義，大受、小受存乎器。君子之器識則大，故老農、老圃在所不知，而受天下不以爲泰，此「不可小知而可大受」也。小人之器識則小，故乘君子之器致寇，而童觀則無咎，此「不可大受而可小知」也。揚子曰：「師之所知貴大知也，小知之師亦賤矣。」子皮曰：「君子務知大者遠者，小人務知小者近者。」所謂「大知」、「小知」。《詩》曰：「受大國是達。」揚子曰：「痺虚無因，不能大受。」所謂「大受」、「小受」。

子曰：「民之于仁也，甚于水火。水火，吾見蹈而死者矣，未見蹈仁而死者也。」

水火所以養己，仁所以成己。養己者其利小，成己者其利大，此仁所以甚于水火也。蹈水火而死，匹夫匹婦之諒；蹈仁而死，則爲志士仁人矣。孔子之世，❶爲匹夫匹婦者恒多，爲志士仁人者恒少，故曰：

❶「世」，上圖抄本作「時」。

「水火，吾見蹈而死者，未見蹈仁而死者也。」

子曰：「當仁不讓于師。」

君子之于父兄，無所不告。聞斯行之，❶則不必告也。于師無所不遜，當仁則不必遜也。崔駰曰：「當其有事，則褰裳、濡足、掛冠，不顧人命則非仁也；當其無事，則躐步、整襟，規矩其步，德遜不修則非忠也。是以險則救俗，平則守禮。」由此觀之，無事則師，有事則當仁不遜，與言不稱師謂之畔，行不稱師謂之倍者，異矣。

子曰：「君子貞而不諒。」

君子求諸己，不求諸人；小人求諸人，不求諸己。求諸己，故内正；不求諸人，故不諒乎外。《泰》之九三「艱貞無咎」，❷以言在己爲有義，在人爲有命。苟内不能自正，而外以求信于人，則是不恤己之孚，而恤人之不己孚，豈爲知命哉？故曰「不知命無以爲君子」。荀卿曰：「君子能爲可信，不能使人必信己。」蓋能爲可信，故貞；不能使人必信己，故不諒。

子曰：「事君，敬其事而後其食。」

---

❶「之」，四庫底本作「斯」，館臣籤云「聞斯行之，之誤斯」。

❷「咎」下，上圖抄本有「勿恤其孚」一句爻辭，與下文解釋語相應。

君子之于仕，爲道不爲食。人君之授禄，❶食功不食志。《詩》稱「不素餐」，《易》稱「不素飽」，《坊記》稱「先事而後禄」，《儒行》稱「先勞而後禄」，皆「敬事後食」者也。古者男子生必先有志于事，然後敢用穀，況事君乎？

子曰：「有教無類。」

教在己，類在人。在己者，不可以有倦；在人者，不可以有擇：此所謂「有教無類」也。蓋人受天地之中以生，而其性未嘗不善。不幸而處于不善之類，君子其可求類而教之哉，一應之以無我而已。故難言者，莊子之所與；廋屨者，孟子所不拒。《書》言「不協于極，不罹于咎，皇則受之」，《詩》言「不顯亦臨，無射亦保」，皆無類故也。然孔子于孺悲則不見，孟子于滕更則不答，非不教之也，不屑教也。

子曰：「道不同，不相爲謀。」

道之同，雖異曲而相合；道之異，雖同時而不相謀。故賢人所以誡世，聖人未嘗過而問焉；君子所以誡國，賢人未嘗過而問焉。何則？市井不可與語先生之言，方内不可與語方外之道也。孔子之于陽貨，瞯之而拜；孟子之于王驩，未嘗與言。齊王好竽，而鼓瑟者不用；漢武尚武，而好文者不遇。此《傳》所謂「薰、蕕不同器而藏，堯、桀不同國而治」也，太史公「員枘方鑿」之説，❷若是而已。

---

❶「授」，上圖抄本無此字。

❷「員枘」，四庫底本原作「負柄」，館臣籤云「員枘訛負柄」。

子曰：「辭達而已矣。」

意者，辭之主；辭者，意之需。❶君子之辭，達其意而已，夫豈多騁旁枝爲哉？故曰：「辭達而已矣。」《儀禮》曰：「辭多則史，少則不達。」彼鄒衍之談天，公孫龍之詭辭，其言雖多，皆辨者之囿而已，豈知所謂辭達者哉？王通曰：「吾師也，辭達而已。」蓋倣此者矣。

師冕見，及階，子曰：「階也。」及席，子曰：「席也。」皆坐，子告之曰：「某在斯，某在斯。」師冕出。子張問曰：「與師言之道與？」子曰：「然，固相師之道也。」

老者在所養，喪者在所恤，貴者在所敬。古之人待瞽者如老者、喪者、貴者，所以盡禮也。《禮》曰：「八十拜君命，❷一坐再至。瞽亦如之。」又曰：「八十者，一子不從政。九十者，其家不從政。瞽亦如之。」是待瞽者如老者也。《論語》曰：「見齊衰者、冕衣裳者與瞽者，見之，雖少必作；過之，必趨。」又曰：「見齊衰者，雖狎，必變。見冕者與瞽者，雖褻，必以貌。」是待瞽者如長者、貴者也。❸然則于其所不知者，其可以不告乎？故及階、席，則曰「階也」、「席也」，皆坐則曰「某在斯」。《禮》曰：「未有燭，而有後至者，則以在者告。」導瞽亦然。

---

❶「需」，上圖抄本作「寓」。

❷「君」，四庫底本作「居」，館臣籤云「君誤居」。

❸「長」，上圖抄本作「貴」。

季氏第十六

季氏將伐顓臾。冉有、季路見于孔子曰：「季氏將有事于顓臾。」孔子曰：「求！無乃爾是過與？夫顓臾，昔者先王以爲東蒙主，且在邦域之中矣，是社稷之臣也。何以伐爲？」冉有曰：「夫子欲之，吾二臣者皆不欲也。」孔子曰：「求！周任有言曰：『陳力就列，不能者止。』危而不持，顛而不扶，則將焉用彼相矣？

袁絲曰：「周勃忠臣也，非社稷之臣。」揚子曰：「若張子之智，❶陳平之無悞，絳侯勃之果，霍將軍之勇，終之以禮樂，則可謂社稷之臣。」社稷之臣，其難也如此，而顓臾之附庸可以爲之乎？蓋社稷之臣有存乎人，有存乎地者。存乎人者才也，存乎地者勢也。顓臾之爲社稷臣者，非稱其才，勢而已也。

「且爾言過矣，虎兕出于柙，龜玉毁于櫝中，是誰之過與？」

君子以義事君，故能閑其惡；以仁處人，故能保其善。季氏之惡以譬則虎兕，顓臾之善以譬則龜玉。季氏將伐顓臾，而不能閑之，是「虎兕出于柙」也；顓臾在邦域之中，而不能保之，是「龜玉毁于櫝中」也。故曰：「求！無乃爾是過與？」顛甚于危，扶難于持。危而持之，然後安；顛而扶之，然後興。故

---

❶「子」下，《法言》有「房」字。

先言「危而不持」，後言「顛而不扶」。孟子曰：「君不鄉道，不志于仁，而爲之强戰，是輔桀也。」求、由均是輔桀，孔子特責求者，以求嘗聚斂，勢必欲廣土地也。❶

冉有曰：「今夫顓臾固而近于費。今不取，後世必爲子孫憂。」孔子曰：「求！君子疾夫舍曰欲之而必爲之辭。丘也聞有國有家者，不患寡而患不均，不患貧而患不安。蓋均無貧，和無寡，安無傾。夫如是，故遠人不服，則修文德以來之。既來之，則安之。今由與求也相夫子，遠人不服，而不能來也；邦分崩離析，而不能守也；而謀動干戈于邦内。吾恐季孫之憂，不在顓臾，而在蕭牆之内也。」

政之不均，而患民寡；民之不安，而患國貧：非知本也。《書》言：「罔曰民寡，惟慎厥事。」《詩》言尹氏「秉國之鈞，不宜空我師」，是所患在政之不均，❷而不在民寡也。孟子言「地利不如人和」，又言「貨財不聚，非國害。上無禮，下無學，賊民興，喪無日矣」，是故患在民之不安，❸而不在國貧也。然均則得民財，故無貧；和則得民心，故無寡；安則其本固，故無傾。《周官》政典以均方，政職以聚百物，此「均無貧」也。孟子言「得道者多助」，此「和無寡」也。《書》曰：「民惟邦本，本固邦寧。」此「安無傾」也。蓋均故和，和故安，貧則無以聚人，安能無寡？寡則無與守邦，安能無傾？然「不患貧而患不安」者，爲

❶「勢必欲廣土地」，上圖抄本作「於内則其欲廣土地於外」。

❷「所患在」，原誤作「在患所」，據上圖抄本改。

❸「故」，上圖抄本作「所」。

國家以安之爲終始也。不安而欲均之，不亦難乎？由均至于安，則在内者無患矣。然遠人猶不服，「則修文德以來之」，此舜敷文德以格有苗，太王施文德以治四國者也。冉求之相季氏不如此，而謀動干戈以伐顓臾，是患寡而不患不均，患貧而不患不安也。冉求曰「顓臾必爲子孫憂」，孔子謂「吾恐季孫之憂不在顓臾，而在蕭墻之内」，其後陽貨果囚桓子，非其驗歟？夫蕭之言肅也，朝欲肅，故其牆謂之蕭牆；軍欲和，故其門謂之和門。古人之爲門牆者，豈特爲蔽居處之具哉，凡皆有所寓也。

孔子曰：「天下有道，則禮樂征伐自天子出；天下無道，則禮樂征伐自諸侯出。自諸侯出，蓋十世希不失矣；自大夫出，五世希不失矣；陪臣執國命，三世希不失矣。

先王之盛時，五禮六樂掌之于宗伯，九伐之法掌之于司馬。諸侯賜功矢然後征，❶賜鈇鉞然後殺，賜圭瓚然後爲鬯，命之教然後爲學，此所謂「非天子，不議禮，不制度，不考文」者也。如此在上者無失政，在下者無覬覦。周衰之時，天子失政，始于東遷。諸侯始于溴梁之會，不過十世、❷五世、❸三世也。❹以逆理彌甚者，則國勢彌蹙故也。《書》曰：「臣無有作福作威。臣之有作福作威，其害于而家，凶于而

---

❶「功」，當作「弓」。

❷「不」上，上圖抄本有「諸侯」二字。

❸「五」上，上圖抄本有「大夫不過」四字。

❹「三」上，上圖抄本有「陪臣不過」四字。

國。」《易》有之曰：「過旬災也。」意其此之謂乎？

「天下有道，則政不在大夫。天下有道，則庶人不議。」

天下有道，政出于君。大夫議之而無所遂，庶人聽之而無所議。以權有所在，分有所限也。❶聖人王天下，先之以道德，而民知修爲而議有所不及；次之以仁義，則民知親愛而議有所不能。❷五變而舉刑名，九變而言賞罰，則下知敬畏而議有所不敢。雖然，聖人猶爲之慮也。造言亂衆者有刑，析言破律者有殺，如此則横議息矣。後世失道，而民入則腹誹，出則巷議。于是乎有弭謗之禁，燔書之令，豈非猶夫壅川之流而致其潰哉？

孔子曰：「禄之去公室五世矣，政逮於大夫四世矣，故夫三桓之子孫微矣。」

政者，威福之所在，禄則福而已。禄去公室，則政未必逮大夫，政逮大夫，禄去公室可知矣。故四世而三桓之子孫微矣，此所謂「五世希不失」者也。

孔子曰：「益者三友，損者三友。友直，友諒，友多聞，益矣。友便辟，友善柔，友便佞，損矣。」

直者，所以正己之惡；諒者，所以輔己之信；多聞者，所以博己之知。便者，便人之所欲；辟者，避人之所惡：此反于直者也。善柔則能從人而已，便佞則能悅人而已，損友以此爲最。故益友先直，次諒，而

---

❶「限」，上圖抄本作「辯」。

❷「民」，上圖抄本作「下」。

後多聞。損友先便辟，次善柔，而後便佞。蓋直者能忠，諒者能信。爲學之道，先忠信以尊德性，然後博學以道問學，則取友之術，亦若是而已。

孔子曰：「益者三樂，損者三樂。樂節禮樂，樂道人之善，樂多賢友，益矣。樂驕樂，樂佚遊，樂宴樂，損矣。」

禮得其節則中，樂得其節則和。禮節則行正，樂節則心和，❶在己者備矣。在己者備，然後繼之以樂人之善，❷樂多賢友。益者三樂，則先節禮樂。損者三樂，則先樂驕樂。驕非所以節禮，樂非所以節樂也。

孔子曰：「侍於君子有三愆：言未及之而言謂之躁，言及之而不言謂之隱，未見顏色而言謂之瞽。」

躁、瞽則失言，隱則失人。荀卿曰：「未可與言而言謂之傲，可與言而不言謂之隱，不觀氣色而言謂之瞽。君子不傲不隱不瞽，謹慎其身。」與此同意。孟子曰：「未可與言而言，以言餂之；可與言而不言，以不言餂之。」以言餂，非特躁而已；以不言餂，非特隱而已。故孔子以爲愆，孟子以爲穿窬之盜。蓋非可言之時而不言，故無躁、瞽之愆；於可言之時而言，故無隱之愆。此《易》所謂「言有序」，公明賈所謂「時然後言」也。言有序，故悔亡；時然後言，故人不厭其言：非無愆者歟？《禮》曰：「長者不及，毋

---

❶「禮節」至「心和」，上圖抄本作「節禮有以正其行，節樂有以和其心」。

❷「後」下，上圖抄本有「及其在人者」五字。

僾言。」

孔子曰：「君子有三戒：少之時血氣未定，戒之在色；及其壯也，血氣方剛，戒之在鬭；及其老也，血氣既衰，戒之在得。」

血爲榮而行於脉中，氣爲衛而行於脉外。行於脉中，陰也；行於脉外，陽也。寇莫大於陰陽，爲陰陽所寇而無以勝之，則窮人欲而天理滅，豈善養生哉？此君子所以有三戒也。然湯之不邇聲色，則無事於戒色；顔淵不遷怒，犯而不校，則無事於戒鬭；孔子七十而從心所欲不踰距，則無事於戒得：三戒蓋以中心爲制而已。❶《黄帝書》曰：「血氣衰則内虚，内虚則貪心生。」揚雄亦曰：「老則戒之在得。」莊周曰：「人之取畏者，衽席飲食之間，而不知爲之戒者，過也。」由是觀之，得之所戒常在於老，而色之所戒非特少之時而已，蓋少時尤宜戒也。

孔子曰：「君子有三畏：畏天命，畏大人，畏聖人之言。小人不知天命而不畏也，狎大人，侮聖人之言。」

天命，命我者也；大人，臨我者也；聖言，教我者也。畏天命，畏天也；畏大人，畏人也；畏聖言，則天人之道存焉。高宗夤畏自度，畏天命也；孔子見所不見，畏大人也；臧榮拜六經，畏聖言也。帝乙之慢神，齊人之不敬王，伊尹曰侮聖言，皆小人之事也。春秋之時，弑君殺大夫者無國無之，則不特狎大人而已。秦燔《詩》、《書》，則不特侮聖言而已。古人有言曰：「慎以畏爲本。」故士無畏則簡仁義，農無

❶「心」，上圖抄本作「人」。

畏則惰稼穡，工無畏則壞規矩，商無畏則貨不殖，子無畏則忘孝，父無畏則廢慈，臣無畏則勳不立，君無畏則亂不治。是以太上畏道，其次畏天，其次畏物，其次畏人，其次畏身。憂於身不拘於人，畏於己不制於彼。君子之畏，❶小人之無畏，豈特三者而已哉？孔子之言，舉其大者言也。

孔子曰：「生而知之者上也，學而知之者次也，困而學之，又其次也，困而不學，民斯爲下矣。」生而知之，仁者，安仁也；學而知之，知者，利仁也；困而學之，畏罪者，强仁也；困而不學，則困蒙吝矣。❷

孔子曰：「君子有九思：視思明，聽思聰，色思温，貌思恭，言思忠，事思敬，疑思問，忿思難，見得思義。」思於五行主土，百物非土不生，百事非思不成。君子於視能思則有視遠之明，於聽能思則有聽德之聰，此其内達者也；於色能思則即之也温，於貌能思則恭而有禮，此其外見者也，如此則在我者脩矣。❸然後忠以接物而不欺，敬以臨事而不慢，有疑則又問以辨之，則可爲成德矣。然忿而不思難，見得而不思義，則害于德，故終之戒焉。《洪範》「五事」先貌言而後視聽，此先視聽而後貌言者，《洪範》言用事之序，此言修德之序也。

---

❶「君」上，上圖抄本有「然則」二字。

❷「矣」，上圖抄本無此字，且下有「故曰民斯爲下矣」七字。

❸「脩」上，上圖抄本有「可謂」二字。

孔子曰：「見善如不及，見不善如探湯，吾見其人矣，吾聞其語矣。隱居以求其志，行義以達其道，吾聞其語矣，未見其人也。」

齊景公有馬千駟，死之日，民無德而稱焉。伯夷、叔齊餓于首陽之下，民到于今稱之。其斯之謂與？

見善如不及，見不善如探湯，好學者能之，故曰「吾見其人」。隱居求志，行義達道，非聖人不能，故曰「未見其人」。夷、齊餓于首陽之下，隱居以求終身之仁，行義以激百世之清，故曰「民到于今稱之」。

陳亢問于伯魚曰：「子亦有異聞乎？」對曰：「未也。嘗獨立，鯉趨而過庭。曰：『學《詩》乎？』對曰：『未也。』『不學《詩》，無以言。』鯉退而學《詩》。他日又獨立，鯉趨而過庭。曰：『學禮乎？』對曰：『未也。』『不學禮，無以立。』鯉退而學禮。聞斯二者。」陳亢退而喜曰：「問一得三，聞《詩》，聞禮，又聞君子之遠其子也。」

志之所至，《詩》亦至焉，故「不學《詩》，無以言」。《詩》之所至，禮亦至焉，故「不學禮，無以立」。鯉之才不足以語樂，故特教之以《詩》、禮而已。教之者仁也，遠之者義也。古者父子之間不責善，命士以上則異宮，以爲責善則夷，同宮則褻，❶此君子所以遠子也。❷荀卿曰：「君子于子，愛之而勿面，使之而

❶「褻」下，上圖抄本有「夷則賊恩褻則廢禮」八字。

❷「子」上，上圖抄本有「其」字。

勿貌，道之以道而勿强。」其是之謂乎？ 孔子于鯉，教之以「無以言」，❶又教之以「正牆面而立」。 教之以「無以言」者，告之以詳；教之以「正牆面而立」者，告之以約。 詳説而繼以約者，善教之道也。

邦君之妻，君稱之曰夫人，夫人自稱曰小童，邦人稱之曰君夫人，稱諸異邦曰寡小君，異邦人稱之亦曰君夫人。

國君理陽道而出命正人于其外，故曰「君」；夫人理陰德而出論正人于其内，故亦曰「君」。《易》「其君之袂」，《詩》「我以爲君」，《詩序》曰「人君之德」，《禮》稱「女君」，《春秋》書曰「小君」、「夫人」、「寡小君」，皆以其出命正人故也。《易》之《家人》于父母皆謂之「嚴君」，則夫人謂之君宜矣。 蓋君于異邦曰「寡君」，故夫人曰「寡小君」。 衰周之時，❷自陽侯之後大饗，廢夫人之禮，于此猶云者，蓋夫人之禮于大饗則廢，于聘問不廢也。 夫「名不正則言不順，言不順則事不成」，時之嫡庶不明，而名之不正者多矣，故夫子因而正之。

---

❶「無」上，上圖抄本有「不學詩」三字。

❷「衰」，四庫底本作「哀」，館臣籤云「衰周，衰誤哀」。

論語全解卷九

陽貨第十七

陽貨欲見孔子，孔子不見，歸孔子豚。孔子時其亡也，而往拜之，遇諸塗。謂孔子曰：「來！予與爾言。」曰：「懷其寶而迷其邦，可謂仁乎？」曰：「不可。」「好從事而亟失時，可謂知乎？」曰：「不可。」「日月逝矣，歲不我與。」孔子曰：「諾，吾將仕矣。」

其饋也以禮，孔子受之，禮也；其來也瞷亡，孔子稱其施而往報之，亦禮也。孔子於衛不主彌子瑕，於齊不主侍人瘠環，則於魯豈主陽貨哉？故諾以仕而終不仕。諾以仕者，言遜也；終不仕者，危行也。

子曰：「性相近也，習相遠也。」

天命之謂性，人爲之謂習。性則善惡混，故相近；習則善惡判，故相遠。今夫水之爲性，不雜則清，莫動則平。通之爲川瀆，則有以利物；升之爲霜雪，則有以害物。木之爲性，其直則喬以折，其曲則樛以屈。構之以爲棟宇，則爲庇人之器；刻之以爲矛戟，則爲殺人之器。人之性習豈異是哉？《書》曰：「習與性成。」又曰：「若生子，罔不在厥初生，自貽哲命。」荀卿曰：「于越、夷貉之子，生而同聲，長而異

俗，教使之然也。」❶

子曰：「唯上知與下愚不移。」

上智，生而知之者也，不移而爲愚；下愚，困而不學者也，不移而爲智。班固曰：「堯、舜，禹、稷、卨欲與之爲善則行，鯀、驩兜欲與之爲惡則誅。可與爲善，不可與爲惡，是謂上智。桀、紂，龍逢、比干欲與之爲善則誅，崇侯欲與之爲惡則行。可與爲惡，不可與爲善，是謂下愚。」賈誼曰：「上主不可引而下，❷下主可引之而下，不可引之而上。」與此同意。然《書》曰「惟聖罔念作狂，惟狂克念作聖」者，罔念、克念者，習之始；不移者，習之成。

子之武城，聞弦歌之聲。夫子莞爾而笑，曰：「割雞焉用牛刀？」子游對曰：「昔者偃也聞諸夫子曰：『君子學道則愛人，小人學道則易使也。』」子曰：「二三子！偃之言是也。前言戲之耳。」

君子學道則能仁，能仁故愛人。小人學道則知禮，知禮故易使。子游爲武城宰，而以道教民，可謂知本矣。觀其責子夏之趨末，則其學道而爲政，務本可知矣。蓋君子之於天下無所施而非道，夫豈以衆寡小大而加損之哉？然則割雞牛刀之説，特戲之也。《詩》曰：「善戲謔兮，不爲虐兮。」惟和也，故善戲謔兮；惟中也，故不爲虐。

---

❶「也」下，上圖抄本有「此之謂乎」四字。

❷「主」下，上圖抄本有「可引之而上」五字。

公山弗擾以費叛，召，子欲往。子路不説，曰：「末之也已，何必公山氏之之也？」子曰：「夫召我者，而豈徒哉？如有用我者，吾其爲東周乎？」

道者君子所以處己，義者君子所以趨時。方其守道也，雖諸侯之善辭命者有所不從；其行義也，雖公山、佛肸之召則欲往。蓋彼叛而召我者，豈欲得我而與爲不義哉？殆亦有悔過、遷善之心焉耳。夫苟有悔過、遷善之心而可與之爲東周者，其可以棄而不欲往乎？故欲往者以義行道，而終不往者以道處義。以義行道則不失人，以道處義則不失己，此所以爲孔子也。夫堅譬則德，白譬則行。德固於内而不可虧，故曰「磨而不磷」；行純於外而不可變，故曰「涅而不緇」。「磨而不磷，涅而不緇」，與《易》所謂「常雜而不厭」同意。磷與《考工記》所謂「敝而不甐」之甐同意。

子張問仁於孔子。孔子曰：「能行五者，於天下爲仁矣。」請問之。曰：「恭、寬、信、敏、惠。恭則不侮，寬則得衆，信則人任焉，敏則有功，惠則足以使人。」

孔子言爲仁，則曰「恭、寬、信、敏、惠」，而不及公；言爲政，則曰「寬、信、敏、公」，而不及恭、惠。蓋公者，王道之端而非子張之所及；恭、惠者，仁體之末而非爲政之所先也。❶於爲政曰信，❷則民任焉；於爲仁曰信，則人任焉。夫恭者爲仁之始，使人者爲仁之效，故始之以恭，終之以使人。孔子論子産之

---

❶「所先」，上圖抄本作「大者」。

❷「於」上，上圖抄本有「言民以有君，言人以有己」十字。

道，始之以其「行己也恭」，終之以其「使民也義」，與此同意。

佛肸召，子欲往。子路曰：「昔者由也聞諸夫子曰：『親於其身爲不善者，君子不入也。』佛肸以中牟叛，子之往也，如之何？」子曰：「然，有是言也。不曰堅乎，磨而不磷；不曰白乎，涅而不緇。吾豈匏瓜也哉？焉能繫而不食？」

子曰：「由也，女聞六言六蔽矣乎？」對曰：「未也。」「居！吾語女。好仁不好學，其蔽也愚；好知不好學，其蔽也蕩；好信不好學，其蔽也賊；好直不好學，其蔽也絞；好勇不好學，其蔽也亂；好剛不好學，其蔽也狂。」

仁、知、信，德性也；直、勇、剛，德行也。「好仁不好學」，則施而不能返，故愚，若墨翟是也。「好知不好學」，則動而不能静，故蕩，若儀、秦是也。「好信不好學」，則復言以害仁，故賊，若尾生是也。「好直不好學」，則訐而不能容，故絞，若證父者是也。「好勇不好學」，則暴而不怯，若賁、育是也。「好剛不好學」，則强而不知節，故狂，若陽處父是也。子路嘗曰：「南山有竹，不扶自直。何學之有？」其使子羔爲費宰則曰：「何必讀書，然後爲學？」由是觀之，則子路之不好學可知矣。故孔子告之如此，仁、智、信五德之序也，直、剛、勇三德之序也，剛德之偏，故在勇下。然言五德不及禮義，言三德不及柔者，禮義之於仁、智、信、勇則履之、宜之而已，柔非所以告子路也。

子曰：「小子何莫學夫《詩》？《詩》可以興，可以觀，可以群，可以怨。邇之事父，遠之事君。多識於鳥獸草木之名。」

「《詩》可以興，可以觀」，窮理也。「可以群，可以怨」，盡性也。學至於盡性，則邇可以事父，遠可以事君，若多識鳥、獸、草、木之名，則學《詩》之所成終始也。蓋學《詩》則知言，故「可以興」；知言則有節於内，故「可以觀」；有節於内則知所避就，故「可以群」；知所避就則出怒不怒，「可以怨」，則人道盡矣。故以之事父則孝，以之事君則敬，此所以成孝敬，❶厚人倫者也。

子謂伯魚曰：「女爲《周南》、《召南》矣乎？人而不爲《周南》、《召南》，其猶正牆面而立也與？」

乾、坤，易之門；《周南》、《召南》，《詩》之始。學易始於乾、坤，學《詩》始於《周》、《召》，故曰：「人而不爲《周南》、《召南》，其猶正牆面而立也與？」《書》云：「不學牆面。」又不特不學《詩》已。

子曰：「禮云，禮云，玉帛云乎哉？樂云，樂云，鐘鼓云乎哉？」

禮主於中而不在物，樂主於和而不在聲，故孟子以節文仁義爲禮之實，樂仁義爲樂之實。《禮記》以中正無邪爲禮之質，莊敬恭順爲禮之制。論倫無患爲樂之情，欣喜歡愛爲樂之官。如叔齊以守國行政無失其民爲禮，魏絳以殿萬邦、來遠人爲樂，然則聲之與文，豈與其間哉？❷

子曰：「色厲而内荏，譬諸小人，其猶穿窬之盗也與？」

子曰：「鄉原，德之賊也。」

---

❶「成」，四庫底本作「戌」，館臣籤云「戌當作成」。

❷「間」，四庫底本作「聞」，館臣籤云「聞改間」。

子曰：「道聽而塗説，德之棄也。」

子曰：「鄙夫可與事君也與哉？ 其未得之也，患得之；既得之，患失之。苟患失之，無所不至矣。」

子曰：「古者民有三疾，今也或是之亡也。古之狂也肆，今之狂也蕩；古之矜也廉，今之矜也忿戾；古之愚也直，今之愚也詐而已矣。」

人之身，陰陽節通則平，偏倚則疾。性之疾猶身之疾，故凡性之失其平者，皆謂之疾。《易》言「我仇有疾」，「損其疾」，《詩》言「庶人之愚，亦職惟疾」，孔子言「民有三疾」，孟子言「寡人有疾」是也。古之狂也肆意以進取而已，今之狂則蕩而無所守；古之矜也廉隅以自持而已，今之矜則忿戾而有所争；古之愚也質直無爲而已，今之愚則詐而有所欺。孔子之門，若曾晳、琴張，其志嘐嘐然，可謂狂矣；子貢正衣冠齊顔色，嗛然而終日不言，❶可謂矜矣；子羔則可謂愚矣。然狂不至於蕩，矜不至於忿戾，愚不至於詐，故皆可以遊聖人之門，而聖人所以未嘗不與之也。

子曰：「巧言令色，鮮矣仁。」

子曰：「惡紫之奪朱也，惡鄭聲之亂雅樂也，惡利口之覆邦家者。」

紫亂正色，鄭亂正聲，利口亂正言，故孔子惡之。《傳》曰「紫色鼃聲，餘分閏位，聖王之所驅除」云爾。

子曰：「予欲無言。」子貢曰：「子如不言，則小子何述焉？」子曰：「天何言哉？ 四時行焉，百物生焉，天

---

❶「日」，四庫底本原作「曰」，館臣籤云「日誤曰」。

何言哉？」

天地有大美而不言，四時有明法而不議，萬物有成理而不説。聖人原天地之美，達萬物之理，故至人無爲，大聖不作，觀於天地之謂也，其斯以爲孔子。

孺悲欲見孔子，孔子辭以疾。將命者出户，取瑟而歌，使之聞之。

君子之所以教者五，而不屑之教不與焉。蓋五者之教，教之教也；不屑之教，不教之教也。孔子之於孺悲如是，非教之教也，不教之教而已。然則君子之教者，不爲多術乎？

宰我問：「三年之喪，期已久矣。君子三年不爲禮，禮必壞；三年不爲樂，樂必崩。舊穀既没，新穀既升，鑽燧改火，期可已矣。」子曰：「食夫稻，衣夫錦，於女安乎？」曰：「安。」「女安，則爲之！夫君子之居喪，食旨不甘，聞樂不樂，居處不安，故不爲也。今女安，則爲之！」宰我出。子曰：「予之不仁也！子生三年，然後免於父母之懷。夫三年之喪，天下之通喪也。予也有三年之愛於其父母乎！」

創鉅者其日久，痛甚者其愈遲。三年之喪稱情以出之，所以爲其痛極也。由是而殺焉，故有期月，有九月，有五月，有三月，是喪因隆以有殺，非因殺而有隆焉。《禮記》、荀卿皆曰「加隆焉，使倍之，故再期」，其説誤矣。

子曰：「飽食終日，無所用心，難矣哉！不有博弈者乎？爲之，猶賢乎已。」

人之性，勞則易以善，佚則易以淫，故曰：「飽食終日，無所用心，難矣哉！不有博弈者乎？爲之，猶賢乎已。」蓋博弈非所以待君子，亦以爲特賢乎，❶無所用心而已。或以爲待君子者，誤矣。

子路曰：「君子尚勇乎？」子曰：「君子義以爲上，君子有勇而無義爲亂，小人有勇而無義爲盜。」

勇非義不立，義非勇不行，則勇以義爲主，義以勇爲輔，此義所以爲上也。「君子有勇而無義爲亂」，若好勇不好學，其蔽也亂是也。「小人有勇而無義爲盜」，若荆軻、專諸是也。子路能勇不能怯，孔子於其喜浮海則曰「無所取材」，於其聞斯行諸則曰「有父兄在」，於其行三軍則曰「暴虎憑河，吾不與也」，於其問强則曰「寬柔以教，不報無道」，則其問勇而對之以義宜矣。孔子謂子路曰「君子以心導耳目，立義以爲勇；小人以耳目導心，不遜以爲勇」，蓋以此也。言「義以爲質」，又言「義以爲上」者，義爲質則禮文，義爲上則勇下。❷

子貢曰：「君子亦有惡乎？」子曰：「有惡。惡稱人之惡者，惡居下流而訕上者，惡勇而無禮者，惡果敢而窒者。」曰：「賜也亦有惡乎？」「惡徼以爲知者，惡不孫以爲勇者，惡訐以爲直者。」

《傳》曰：「聰明深察而近於死者，好議人者也；博辨廣大而危其身者，發人之惡者也。」孟子曰：「言人之不善，當如後患何？」此所以「惡稱人之惡者」也。孟子曰：「不得而非其上，非也。」揚子「賊義近鄉訕」，此所以「惡居下流而訕上者」也。孔子曰：「勇而無禮則亂。」州吁勇而無禮，《衛風》刺之，此所以

❶「亦」下，四庫底本有「非」字，館臣籤云「亦非，非字多，宜删」。

❷「勇」上，四庫底本有「爲」字，館臣籤云「則爲勇下，爲字多，宜删」。

「惡勇而無禮者」也。蓋稱人之惡則不仁，居下流而訕上、勇而無禮則不義，果敢而窒則不知，四者以稱人之惡爲先，以子貢不能匿人之過故也。子貢曰：「賜惡徼以爲智者，惡不遜以爲勇者，惡訐以爲直者。」蓋察伺者似智，不遜者似勇，訐者似直，三者似是而非，故子貢惡之。孔子曰：「唯仁者能好人，能惡人。」子貢不足於仁而有所惡者，苟有所惡而已，語之以能惡，則未也。

子曰：「唯女子與小人爲難養也，近之則不孫，遠之則怨。」

女子、小人不知禮義者也。不知禮，故「近之則不孫」，不知義，故「遠之則怨」。

子曰：「年四十而見惡焉，其終也已。」

年彌高德彌劭，君子之所善也。「年四十而見惡焉，其終也已」，則年彌高德彌消可知矣。四十者强仕之年也，當强仕之際，宜其爲人所敬畏而不見惡焉。爲人見惡而不見畏，孔子亟言而深斥之，爲其終此而已焉，故也。

微子第十八

微子去之，箕子爲之奴，比干諫而死。孔子曰：「殷有三仁焉。」

微子去，所以存商之祀；箕子奴，所以貽天下之法；比干死，所以示人臣之節。去則「明夷于飛，垂其翼」者也，利而不正；死則過涉滅頂者也，正而不利；奴則内難而能正其志者也，利而且正。三者之所趨雖殊，然去者仁之清，奴者仁之和，死者仁之任，皆其自靖以趨於仁而已，此所以均謂之仁。蓋微子去，然後箕子奴；箕子奴，然後比干死：事辭之序也。武王克商，然後釋箕子之囚，則箕子未嘗去商。而史以箕子避紂於朝鮮，誤矣。

柳下惠爲士師，三黜。人曰：「子未可以去乎？」曰：「直道而事人，焉往而不三黜？ 枉道而事人，何必去父母之邦？」

三黜而不去者，蓋柳下惠以止爲事者也。孟子曰：「不羞汙君，不辭小官。進不隱賢。」則柳下惠不以退爲事也；又曰「遺佚而不怨，阨窮而不憫」，則柳下惠不以進爲事也。以其在於進退之間，援而止之而止，豈非所謂以止爲事者哉？ 柳下惠繼伯夷者也，伯夷繼伊尹者也，繼柳下惠者孔子，然後言孔子之去就。

齊景公待孔子曰：「若季氏，則吾不能；以季、孟之間待之。」曰：「吾老矣，不能用也。」孔子行。

孔子於齊景公，有際可之仕，至於景公曰：「若季氏，則吾不能；以季、孟之間待之。」然後行，去他國之道也。

齊人歸女樂，季桓子受之，三日不朝，孔子行。

孔子於季桓子，有行可之仕，及齊人歸女樂，而桓子受之，三日不朝，然後行，去父母國之道也。

楚狂接輿歌而過孔子曰：「鳳兮，鳳兮！ 何德之衰？ 往者不可諫，來者猶可追。已而，已而！ 今之從政者殆而！」孔子下，欲與之言，趨而辟之，不得與之言。

柳下惠則不屑去者也，楚狂接輿、長沮、桀溺、荷蓧丈人，則不屑就者也。孔子去齊、去魯則非不屑去，❶以爲斯人之徒，則非不屑就。接輿知孔子有鳳之德，不知孔子所謂隱者不易乎世也。❷桀溺知天下之滔滔，而不知滔滔者可以與易也。鳳有道則見，無道則隱，見非其時爲德之衰，所謂非伏其身而弗見，非閉其言而弗出也，樂則行之，憂則違之而已。接輿欲孔子止，而以謂當今之世，欲從其政則其身必危。揚子曰：「接輿之歌鳳也，欲去而恐罹害也。」蓋接輿遊方之外者也，故其行雖與孔子異，而孔子亦未嘗不欲與之言也。

長沮、桀溺耦而耕，孔子過之，使子路問津焉。長沮曰：「夫執輿者爲誰？」子路曰：「爲孔丘。」曰：「是魯孔丘與？」曰：「是也。」曰：「是知津矣。」

蓋非其周流也。

問於桀溺。桀溺曰：「子爲誰？」曰：「爲仲由。」曰：「是魯孔丘之徒與？」對曰：「然。」曰：「滔滔者天下皆是也，而誰以易之？且而與其從辟人之士也，豈若從辟世之士哉！」耰而不輟。

長沮、桀溺所謂固矣，孔子疾固者也。惟天下無道則孔子與易之，以謂「滔滔者天下皆是也」，誤。

子路行以告。夫子憮然曰：「鳥獸不可與同群，吾非斯人之徒與而誰與？天下有道，丘不與易也。」

❶「去魯」，上圖抄本無此二字。

❷「易乎世也」，上圖抄本作「屑」。

遯於山林，是與鳥獸同群也。子之言曰吾亦人耳，若非與人爲徒，則誰與乎？彼非我以天下皆無道，誰以易之。蓋不知惟其無道，故吾思有以易之。若其有道也，吾不與易也。

子路從而後，遇丈人，以杖荷蓧。子路問曰：「子見夫子乎？」丈人曰：「四體不勤，五穀不分，孰爲夫子？」植其杖而芸。子路拱而立。止子路宿，殺鷄爲黍而食之，見其二子焉。明日，子路行以告。子曰：「隱者也。」使子路反見之。至，則行矣。子路曰：「不仕無義。長幼之節，不可廢也；君臣之義，如之何其廢之？欲潔其身，而亂大倫。君子之仕也，行其義也。道之不行，已知之矣。」

道雖不行，不可無仕，不仕者無義而已。夫長幼之節，不及君臣之義；一身之潔，不若大倫之不亂。荷蓧知長幼之節，而不知君臣之義；知潔其身，而不知大倫，豈所謂知務者哉？蓋仕而行其義則在己，而不仕於無義則在時。在時、在己，則亦隱而已，非逸民也。至于伯夷、叔齊、虞仲、夷逸、朱張、柳下惠、少連，然後可以謂之逸民也。

逸民：伯夷、叔齊、虞仲、夷逸、朱張、柳下惠、少連。子曰：「不降其志，不辱其身，伯夷、叔齊與！」謂：「柳下惠、少連，降志辱身矣，言中倫，行中慮，其斯而已矣。」

伯夷、叔齊，則清而不和，故内不降其志，外不辱其身。柳下惠、少連，則和而不清，故内則降其志，外則辱其身。然志雖降而言不失其倫，身雖辱而行不役其慮。蓋「不降其志，不辱其身」，不嫌於言不中倫，行不中慮，「降志辱身」，則嫌其不能如此，故特曰「言中倫，行中慮」而已。

謂：「虞仲、夷逸，隱居放言，身中清，廢中權。

虞仲、夷逸，隱居則「身中清」，放言則「廢中權」。中清則污俗不能染，中權則反經以合道。蓋倫有經權，有常變，以中權爲放言，倫非放言矣。

「我則異於是，無可無不可。」

伯夷、叔齊、虞仲、夷逸不可者也，柳下惠、少連可者也。孔子集七人之大成，「可以仕則仕，可以止則止，可以久則久，可以速則速」。於其義之所去則無可，於其義之所在則無不可，故曰「我則異於是」。

不言朱張者，荀卿以子弓與孔子同於行，蓋子弓則子張是也。

大師摯適齊，亞飯干適楚，三飯繚適蔡，四飯缺適秦，鼓方叔入于河，播鼗武入于漢，少師陽、擊磬襄入于海。

古者有官守者，不得其職則去。然記此者，以明樂工之賤，亦知去就之義。若夫君子知進退之義，則不盡於此矣。雖然，猶異於長沮、桀溺之徒專以隱爲事也。

周公謂魯公曰：「君子不施其親，不使大臣怨乎不以。故舊無大故，則不棄也。無求備於一人。」周有八士：伯達、伯适、仲突、仲忽、叔夜、叔夏、季隨、季騧。

施者，易也。荀卿曰：「充虛之相施易是也。」君子不以人之親易己之親，易己之親則於親無去就之義，於親無去就之義則事君有之矣。君子「不使大臣怨乎不以」，則臣其可以使君怨其不爲用乎？故舊無大故不棄，則君無大故而可以去之乎？君無求備於一人，則臣其可以求備於君乎？凡此欲自盡其恕，以循理進退故也。紀周公之言，所以成微子之義。工師之賤，有去就之義，故前此而言之；八士，則事人而已，未必能盡去就之義，故後此言之。則周公所以謂魯公者，不過「不施其親」，至于「無求備於一人」而已。荀卿則以爲周公曰「吾執贄而見者十人，還贄而見者三十人，❶貌執之士百有餘人，❷欲言請畢事者千有餘人」。後世因爲飰而吐哺、沐而握髮之説，殆不然矣。成周之時，士之所以爲士者，有德行道藝以自重，非若六國縱横之士汲汲於伸身以干澤也。周公之所以爲周公者，有道法以御世，非若孟嘗、春申之僕僕於禮士以干譽也。《國語》曰「文王詢於八虞」，而説之者以爲八士。

❶「還」，上圖抄本作「執」。
❷「貌」，上圖抄本、四庫底本作「貞」。

論語全解卷十

子張第十九

子張曰：「士見危致命，見得思義，祭思敬，喪思哀，其可已矣。」

孔子論成人，則曰「見利思義，見危授命」，子張論士，則曰「見危致命，見得思義」者：授命，授君之命而不廢；致命，則致君之命以死制而已。此成人所以與士異也。得則在己，利則不必在己。「見得思義」，則非見得而忘其形者也；「見利思義」，則非見利而忘其真者也。成人於不以在己者則能思之，士則能思其在己者而已。或先見利思義，而後見危授命；或先見危致命，而後見得思義。蓋成人以成己者爲先，士以事君者爲先。

子張曰：「執德不弘，信道不篤，焉能爲有？焉能爲亡？」

德有體，故可執；道無體，故信之而已。弘則張而大之也，篤則行而至之也。執德弘，信道篤，有之則爲盈，亡之則爲虚，此能爲有、爲亡者也。執德不弘，信道不篤，有之不爲益，亡之不爲損，其能爲有、爲亡哉？《傳》曰：「彼有人焉。」能爲有者也。《詩》曰：「人之云亡，邦國殄瘁。」能爲亡者也。若周亞夫之得劇孟，世祖之得吳漢，隱若一敵國，是亦能爲有者也。蕭何之亡，漢高以爲失左右手，是亦能爲亡者也。然此特可以爲有、爲亡而已。與夫執德弘、信道篤者，有間矣。然於德言弘，而有所謂篤，《易》曰「篤實輝光，日新其德」是也；於道言篤，而有所謂弘，孔子曰「人能弘道」是也。凡言道德，先道而後德，出道之序也；先德而後道，入道之序也。

子夏之門人問交於子張。子張曰：「子夏云何？」對曰：「子夏曰：『可者與之，其不可者拒之。』」子張曰：「異乎吾所聞。君子尊賢而容衆，嘉善而矜不能。我之大賢與，於人何所不容？我之不賢與，人將拒我，如之何其拒人也？」

其交也以道，其接也以禮，雖互童、原壤，孔子所不拒，此所謂「可者與之」。其交也不以道，其接也不以禮，雖滕更、儲子，孟子所不答，此所謂「不可者拒之」也。可者與之，則不失人；不可者拒之，則不失己。不失人，❶仁也；不失己，義也。子夏所云者盡之矣。❷子張則以賢不賢異之，非知所謂道與禮也。

子夏曰：「雖小道，必有可觀者焉。致遠恐泥，是以君子不爲也。」

莊子曰：「百家衆技，皆有所長，時有所用。雖然，不該不偏，一曲之士也。」蓋有所長，有所用，則可

---

❶「人」，四庫底本作「之」，館臣籤云「不失人仁也，人誤之」。

❷「子夏」，四庫底本作「子貢」，館臣籤云「子夏誤子貢」。

觀；不該不徧，則致遠恐泥，此所以謂之小道也。君子爲其大者，而小者從之；小人爲其小者，則大者斯害已。

子夏曰：「日知其所亡，月無忘其所能，可謂好學也已矣。」

日知其所亡，知新也，猶之「智及之」者也；月無忘其所能，温故也，猶之「仁能守之」者也。孔子以「温故而知新」可以爲師，子夏以「日知其所亡，月無忘其所能」爲好學者。温故然後知新，則其所以已知者多，而其所未知者少，故可以爲師。知新然後温故，則其所已知者少，而其所未知者多，故可謂好學而已。古之人其勤有至於愛日，其極有至於競辰，故學者有三餘之勤，而女工有一月四十五日之説。則夫日不知其所亡，月而忘其所能者，安在其爲好學者哉？《詩》曰：「我日斯邁，而月斯征。」則其愛日也至矣。

子夏曰：「博學而篤志，切問而近思，仁在其中矣。」

博學以知之，而不能篤志以有之，所知者必失；切問以辯之，而不能近思以精之，則所辯者必惑。「博學、切問」則質諸外，所以窮理；「篤志、近思」則資諸内，所以盡性，❶此仁行所以在其中也。《易》曰「學以聚之，問以辯之」，而終之以「仁以行之」，《中庸》曰「博學之」，而終之以「篤行之」。蓋學而至於行，則可以得仁。學而至於思，則有得仁之道而已，故曰「仁在其中」。

---

❶「所」，上圖抄本作「將」。

子夏曰：「百工居肆以成其事，君子學以致其道。」

審曲面勢，以飭五材，以辨民器，謂之百工。百工，事事者也，然不居肆不足以成其事；君子，事道者也，然不務學不足以致其道。時之人知事事而不知事道，知事事者必居肆，而不知事道者必務學，子夏所以告之。子夏以工之居肆譬務學，孔子以工之事雖成而未必善，務學而不取友，❶則其致道也孰正之哉？子夏之言姑以明學之大致而已。莊子曰：「道不可致。」今此言「學以致其道」，蓋不可致則在道，而所以自致之則在人，莊子亦曰：「致道者忘心。」

子夏曰：「小人之過也必文。」

君子作德，其過也以人知之爲幸，故不文；小人作僞，其過也以人不知爲幸，故必文。周公之於管、蔡，其過如日月之食，人皆見之，不文也。冉求之於顓臾，舍曰欲之而必爲之辭，必文也。古之制字者，以口文過爲吝。蓋吝則不改，改則不吝，吝則小人，不吝則君子。司馬遷曰：「君子之過謝以質，小人之過謝以文。」

子夏曰：「君子有三變：望之儼然，即之也温，聽其言也厲。」

「動容貌斯遠暴慢」，故望之儼然；「正顔色斯近信」，故即之也温；「出辭氣斯遠鄙倍」，故聽其言也厲。蓋望之儼然，則疑於不厲，及聽其言則厲；儼然而温，温變而厲，此所以謂之變。孔子威而不猛，「望之

---

❶「友」，上圖抄本作「交」。

儼然」者也。温而厲，「即之也温，聽其言也厲」者也。小人則貌輕而不嚴，色厲而不温，言佞而不厲。

子夏曰：「君子信而後勞其民，未信，則以爲厲己也。信而後諫，未信，則以爲謗己也。」

信著於民，然後勞之而不辭；信著於君，然後諫之而不疑。説以先民，民忘其勞，信而後勞其民者也；量而後入，不入而後量，信而後諫者也。《易·晉》之六三曰「衆允，❶悔亡」，志上行也。《革》之九四「改命」之「吉」，信志也。蓋衆不允，不可以有民志；不信，不可以改命信。若《晉》之六三、《革》之九四，然後可以無厲己、謗己之悔矣。魏永之於龍門，下車而廣公室，此未信而勞民者也。杜根之於鄧后，未值其説而見誅，此未信而諫者也。孔子謂顏回曰：「德厚信矼，未達人氣；名聞不争，未達人心。」而彊以仁義、繩墨之言暴人之前，是以惡有其美也。揚子曰：「未信而分疑，幾矣哉！」則未信者其可以諫乎？

子夏曰：「大德不踰閑，小德出入可也。」

大德，中德也；小德，庸德也。中則以大常爲體，故不踰閑；庸則以小變爲用，故出入可也。孟子曰：「動容周旋中禮，盛德之至。」此「大德不踰閑」者也。《易》曰：「行過乎恭，喪過乎哀，用過乎儉。」此「小德出入可也」。《禮》曰「小德川流，大德敦化」也，蓋敦化則立本而有常，川流則應物而有變，與此同也。

子游曰：「子夏之門人小子，當洒掃應對進退，則可矣，抑末也。本之則無，如之何？」子夏聞之，曰：

❶「允」，四庫底本作「兑」，館臣籤云「衆允，允誤兑」。

「噫！言游過矣！君子之道，孰先傳焉？孰後倦焉？譬諸草木，區以別矣。君子之道，焉可誣也？有始有卒者，其惟聖人乎！」

子夏之門人，其事則止於洒掃，其言則止於應對，其容則止於進退，教之以漸也。子游譏之，責之以頓也。君子之教人漸而不頓，孰當先傳？孰可後倦？譬之草木，其始種之與移而植之，不可以同區，其大小不同故也。列子曰：「學視者先見輿薪，學聽者先聞撞鐘。」夫見輿薪未足爲善視，然非輿薪之見不足以致其明。聞撞鐘未足爲善聽，然非撞鐘之聞不足以致其聽。洒掃應對進退未足爲善學，然非洒掃應對進退不足以致其本，❶此《學記》所謂「先其易者，後其節目」也。然則君子之道，焉可誣也？若夫有始以致其本，有卒以致其末者，惟聖人而已。子夏以有始有卒爲聖人，則以致其本者爲難能，此其所以爲子夏歟？

子夏曰：「仕而優則學，學而優則仕。」

仕而優則日有餘，故學；學而優則道有餘，故仕。君子學以爲己，仕以爲人。爲己不忘乎爲人，故不以學廢仕；爲人不忘乎爲己，故不以仕廢學。非念終始典于學者，孰與此哉？然則不學而仕，則是未能操刀而製錦者也；仕而不學，則是得人爵而棄天爵者也；學而不仕，則是潔其身而亂大倫者也。學而仕則仁，仕而學則智，惟君子爲能盡之。

❶「本」，四庫底本作「末」，館臣籤云「致其本，本誤末」。

子游曰：「喪致乎哀而止。」

喪致乎哀，則不忘親；致哀而止，則不滅性。不忘親，仁也；不滅性，禮也。孝子之事如此而已。曾子七日水漿不入口，而弁人之爲孺子泣，不亦過哉！禮曰：「毁不危身。」又曰：「而難爲繼。」又曰：「毁而死，君子謂之無子。」

子游曰：「吾友張也爲難能也，然而未仁。」

曾子曰：「堂堂乎張也，難與並爲仁矣。」

曾子曰：「吾聞諸夫子：人未有自致者也，必也親喪乎！」

曾子曰：「吾聞諸夫子：孟莊子之孝也，其他可能也；其不改父之臣與父之政，是難能也。」

堂堂乎張也，能莊敬故也。難與並爲仁矣，不能同故也。「父在觀其志，父没觀其行。三年無改於父之道，可謂孝矣。」孟莊子不改父之臣與父之政，則非中道，是難能也，其爲孝，亦在去取之域矣。

孟氏使陽膚爲士師，問於曾子。曾子曰：「上失其道，民散久矣。如得其情，則哀矜而勿喜！」

先王之於民，有九兩以繫之，本俗以聯之，大比以比之，荒政以聚之，則民附於上而不離，安於下而不散。及其有罪然後治之，以刑不足恤也。衰周之時，「上失其道，民散久矣」，故曾子謂陽膚曰「如得其情，則哀矜而勿喜」，以罪在上，不盡在民也。蓋三軍大敗，不可斬也；獄犴不治，不可刑也。商人群飲，周公戒康叔以勿殺；魯有父子訟，孔子爲司寇而舍焉：以此。

子貢曰：「紂之不善，不如是之甚也。是以君子惡居下流，天下之惡皆歸焉。」

子貢曰：「君子之過也，如日月之食焉；過也，人皆見之；更也，人皆仰之。」

君子之過，過於厚，如日月之食而皆見，故以人知之爲幸。小人之過，過於薄，雖必文而難解，故必以人不知之爲幸。

衛公孫朝問於子貢曰：「仲尼焉學？」子貢曰：「文、武之道，未墜於地，在人。賢者識其大者，不賢者識其小者。莫不有文、武之道焉。夫子焉不學，而亦何常師之有？」

聖人之道無所不在，仁者見之之謂仁，智者見之之謂智。「賢者識其大者，不賢者識其小者」，咸其自取者然也。孔子於老聃、萇弘、師襄、郯子之徒，有一善之可宗，一言之可法者，皆從而師之，則亦何常師之有？《書》曰：「德無常師，主善爲師。」孔子曰「三人行，必有我師」之謂也。蓋「賢者識其大者，不賢者識其小者」，資諸己者也。孔子之無常師，資諸人者也。資諸己，材也；資諸人，取材者也。❶

叔孫武叔語大夫於朝曰：「子貢賢於仲尼。」子服景伯以告子貢。子貢曰：「譬之宮牆，賜之牆也及肩，窺見室家之好。夫子之牆數仞，不得其門而入，不見宗廟之美，百官之富。得其門者或寡矣。夫子之云，不亦宜乎！」

叔孫武叔毀仲尼。子貢曰：「無以爲也！仲尼不可毀也。他人之賢者，丘陵也，猶可踰也；仲尼，日月也，無得而踰焉。人雖欲自絶，其何傷於日月乎？多見其不知量也。」

---

❶「取」，上圖抄本作「亦」。

陳子禽謂子貢曰：「子爲恭也，仲尼豈賢於子乎？」子貢曰：「君子一言以爲知，一言以爲不知，言不可不慎也。夫子之不可及也，猶天之不可階而升也。夫子之得邦家者，所謂立之斯立，道之斯行，綏之斯來，動之斯和。其生也榮，其死也哀，如之何其可及也？」

下士不笑，不足以爲道；武叔不毁，不足以爲仲尼。宫牆言其深，日月言其明，天言其高。方武叔之不賢仲尼，則譬之以宫牆，以言其深而不可知也。及武叔之毁仲尼，則譬之以日月，以言其明而不可知也。陳子禽之仰仲尼，❶則譬之天，以言其高而不可及也。其言各有所當爾。揚子曰：「仲尼，聖人也，或劣諸子貢。子貢辭而精之，❷廓如也。」然宫牆則不離乎器，天與日月則不離乎象。孔子之道，不特乎此，子貢之言，亦其粗者而已矣。「夫子之得邦家者，所謂立之斯立，道之斯行，綏之斯來，動之斯和。其生也榮，其死也哀，如之何其可及也。」立之者政也，道之者教也。有政以立之，有道以教之，然後綏之以德莫不來，動之以樂莫不和。生則天下歌之，故榮；死則天下哭之，故哀。堯之治天下，其効至於「黎民於變時雍」，其死至於「百姓如喪考妣」，不過如此，蓋其有爲也。立然後道，道然後綏，綏然後動，其有爲之之効也。立然後行，行然後來，來然後和，治至於和則樂矣，所謂成於樂者此也。孔子嘗曰：「如有用我者，三年有成。」又曰：「如有用我者，吾其爲東周乎？」蓋用此道而已。

---

❶「仰」，依文義疑當作「抑」。

❷「子貢」，原無，今據揚雄《法言》補。

堯曰第二十

堯曰：「咨！爾舜！天之曆數在爾躬，允執其中。四海困窮，天祿永終。」舜亦以命禹。

數在天，曆在人，非數無以作曆，非曆無以紀數。天之曆數則天地之數，五十有五者也。是數也，變化待之以成，鬼神待之以行。萬物所聽之命，則命於此而已；萬物所由之道，則道於此而已。然則帝王之興，豈特人事哉？故曰「天之曆數在爾躬」。然以命廢義，則蔽於天。以義廢命，則蔽於人。天事數在爾躬，以其有命，宜民、宜人，受祿于天。然則不能「允執厥中」，至於「四海困窮」，則於內不足以備百福，而於外不足以宜民人，天祿其有不終乎？蓋「允執厥中」，所以教之也；「四海困窮」，所以戒之也。《書》言「天之曆數」，繼之以「人心」「道心」，然後至於「允執厥中」，又繼之以言謀君民之事，然後至於「四海困窮，天祿永終」，此則略之者，反説約故也。

曰：「予小子履敢用玄牡，敢昭告于皇皇后帝：有罪不敢赦。帝臣不蔽，簡在帝心。朕躬有罪，無以萬方；萬方有罪，罪在朕躬。」

人君之於天，猶子之於父，臣之於君，故以恩言之謂之天子，以義言之謂之帝臣。「有罪不敢赦」，所謂不敢不政也。「帝臣不蔽」，所謂罪大而不可掩也。「朕躬有罪，無以萬方，萬方有罪，罪在朕躬」，所謂以得爲在人，以失爲在己也。《春秋傳》曰：「禹、湯罪己，其興也勃然；桀、紂罪人，其亡也忽焉。」聖人所以執左契而不責於人，蓋以此歟？《書》之《多方》曰：「非我有周秉德不康寧，乃惟爾自速辜。」此又罪人不罪己者。蓋教告已備，而有不用降爾命者，乃其自速之也。

周有大賚，善人是富。「雖有周親，不如仁人。百姓有過，在予一人。」謹權量，審法度，修廢官，四方之政行焉。興滅國，繼絶世，舉逸民，天下之民歸心焉。所重：民、食、喪、祭。寬則得衆，信則民任焉；敏則有功，公則説。

《書》曰：「大賚于四海，而萬姓説服。」《詩》曰：❶「賚，予也。言所以欽予善人也。」❷蓋方用兵之時，使智勇，使貪，使愚，而小人皆在所用；及其開國承家，則不善之小人不以禄富之矣，故曰「周有大賚，善人是富」。漢高祖之用人，下至於彭、盧、韓、英、鬻繒、屠狗、輕滑之徒，莫不裂土而封之，終以賈亂。是知開國承家，而不知小人勿用也。光武之興，監前事之違，雖寇、鄧之高勳，弇、賈之鴻烈，分土不過大縣數四，所加特進、朝請而已。是知小人勿用，而不知開國承家也。知開國承家與小人勿用，惟武王盡之矣。「周親」，自紂言之也；「仁人」，自周言之也。紂之無道，微子去之；周之有道，微子歸之。是紂雖有周之親，不如周有仁人也。《周官》「八柄」「廢以馭其罪」、「誅以馭其過」，《易》言「赦過宥罪」，則罪重於過矣。於商言「萬方有罪，罪在朕躬」，於周言「百姓有過，在予一人」，則周之責己尤重也。可欲

❶「詩」，原誤作「註」，據上圖抄本改。下引文出《詩·周頌·賚》小序。

❷「欽」，上圖抄本作「錫」，與《詩·周頌·賚》小序合。

之謂善，盡人之道之謂仁，則善人於仁爲不足，仁人於善爲有餘。言善人又言仁人，則賚而富之者不必皆仁人，周親不特不如善人而已。於湯言伐桀之事，而不言善人與仁人，以周見之也。於周言善人言仁人，而不言伐紂之事，以湯見之也。由是觀之，湯之建中，周之用皇極，非不允執厥中，而不言之者，以舜、禹見之也。夫君人者，其自任則以執中與罪己，其所以輔之者，又有善人與仁人，則治之本立矣。然不知謹權量，審法度，修廢官，則四方之政未必行。不知興滅國，繼絶世，舉逸民，則天下之心未必歸。故又繼之以「謹權量，審法度，修廢官，興滅國，繼絶世，舉逸民」也。蓋制而用之存乎法，推而行之存乎人。權量者，法度之所出；法度者，百官之所守。謹權量，審法度，則法有所明，而四方無異制；修廢官，則法有所行，而四方無廢事。權衡，度量，其度量衡所以同天下，齊風俗。又曰同律度量衡權，所以齊遠近，立民信。故舜則同律度量衡，禹則關石和鈞。《周官》内宰出其度量，司事掌其度量，❶合方氏於度量則一之，❷行人於度量則同之，故量之《銘》曰「嘉量既成，以正四國」。然則權量之於政，其可以不謹乎？夫國不可滅而滅者，天下莫不望其興；世不可絶而絶者，天下莫不望其繼；逸民不可遺而遺者，天下莫不望其舉。今也因天下之望，興之而不廢，繼之而不絶，舉之而不遺，此天下之民所以歸心也。衰周之時，若齊之四量，陳氏三量，則權量之不謹可知矣。《詩》之《蕩》刺無綱紀文章，則法

❶「事」，上圖抄本作「市」。
❷「合」，上圖抄本作「言」。

度之不審可知矣。《大東》刺南箕、北斗、長庚、啟明皆有名而無實，則官之廢者可知矣。《春秋》譏滅國五十二，❶則滅國之不興可知。《詩》之《裳華》刺絕功臣之世，則絕世之不繼可知。《隰桑》刺君子在野，則逸民之不舉可知。故孔子言帝王之政而尤詳於此也。蓋行政設官有方，故以四方言之；施德立賢無方，故以天下言之。夫天下固有常重，爲天下者固有常德。民、食、喪、祭者，常重也；寬、信、敏、公者，常德也。《書》曰：「重民五教，惟食、喪、祭。」蓋非民無以守邦，非食無以養人，非喪無以送終，非祭無以追遠，故先王重之也。《書》曰：「御衆以寬。」又曰：「克寬克仁，彰信兆民。」《春秋傳》曰：「上德以寬服人。」此所謂「寬則得衆」也。《禮》曰「上人疑則百姓惑」，蓋疑而不信則百姓惑而不任，信而不疑則百姓任而不惑，此所謂「信則民任」也。《家語》曰：「天道敏生，地道敏樹，人道敏政。」《易》曰：「有攸往，夙吉。」《春秋傳》曰：「敏以行之，事雖大必濟。」此所謂「敏則有功」也。《書》曰：「有以公滅私，民其允懷。」《傳》曰：「出言而天下服，公之謂也。」季羔公以行，而刖者說；管仲奪伯氏駢邑三百，而無怨言：「公則説」之謂也。以季羔、管仲之公，而致人之説猶然，況不爲季羔、管仲者乎？寬、敏、信、公四者，政之所以成終始也。由堯至周，揖讓征誅，雖或不同，其爲政之道，不過以此而已，故《論語》以詳記之。

子張問於孔子曰：「何如斯可以從政矣？」子曰：「尊五美，屏四惡，斯可以從政矣。」子張曰：「何謂五

❶「五十二」，上圖抄本作「三十三」。

美？」子曰：「君子惠而不費，勞而不怨，欲而不貪，泰而不驕，威而不猛。」子張曰：「何謂惠而不費？」子曰：「因民之所利而利之，斯不亦惠而不費乎？擇可勞而勞之，又誰怨？欲仁而得仁，又焉貪？君子無衆寡，無小大，無敢慢，斯不亦泰而不驕乎？君子正其衣冠，尊其瞻視，儼然人望而畏之，斯不亦威而不猛乎？」子張曰：「何謂四惡？」子曰：「不教而殺謂之虐，不戒視成謂之暴，慢令致期謂之賊，猶之與人也，出納之吝謂之有司。」

「惠而不費」，所謂有乎惠心者也。「勞而不怨」，所謂佚道使民者也。衆寡在人，小大在事。惠而不費，仁也，成仁在乎愛，愛則雖欲而不貪。勞而不怨，義也，成義在乎敬，敬則雖泰而不驕。蓋仁義之施在民，而成仁義在己，故言「惠而不費，勞而不怨」，則繼之以「欲而不貪，泰而不驕，威而不猛」也。欲而不貪，泰而不驕，德行也。威而不猛，威儀也。德行，本也；威儀，末也。無本不立，無末不成，故言「欲而不貪，泰而不驕」，而終之以「威而不猛」也。❶《家語》、荀卿皆曰：「慢令謹誅，賊也。斂無時，暴也。不教而責成，虐也。」言暴虐與此不同者，蓋對季康子，而其指異也。《春秋傳》曰：「山林川澤之實，器用之資，皂隸之事，官司之守，非君所及也。」曾子曰：「籩豆之事，則有司存。」然則人君而爲有司之事，則上與下同德矣，故曰「猶之與人也」，「出納之吝謂之有司」矣。非聖不可以爲君，非賢不可以爲臣。乾則君道也，坤則臣道也。《易》以坤爲吝嗇，而制字者以賢從臤，則出納之吝，在人臣則爲善，在人君

❶「威」，四庫底本作「暴」，館臣籤云「威誤暴」。

則爲惡。猶之「屯」膏，在小人者則吉，❶在大人者則凶也。❷聖人之法，言其事足以盡其實，故言之「謂」，《詩》曰「是謂伐德」，《易》曰「陰陽不測之謂神」是也。其事不足以盡其實，則言謂之而已，《詩》曰「謂之尹吉」，《易》曰「利用出入，民咸用之謂之神」是也。《論語》「是謂棄之」，又言「謂之虐」「謂之暴」，「謂之有司」，其意亦若是也。夫言尊則有卑，言屏則有存。五美不特可存而已，故言尊；四惡不特卑之而已，故言屏。此即事之證也，若夫即道觀之，則善之與惡，相去何若？

子曰：「不知命，無以爲君子也。不知禮，無以立也。不知言，無以知人也。」

不知言將以窮理，知禮將以盡性，知命將以至命。故不知詖淫邪遁之辭，則無以知其人之蔽陷離窮。不知慙枝寡多游屈之辭，則無以知其人之叛疑吉躁誣善失守，故曰「不知言，無以知人」。恭而無禮則勞，勇而無禮則亂，慎而無禮則葸，故曰「不知禮，無以立」。君子畏天命，居易以俟之。小人不知天命，行險以徼幸，故曰「不知命，無以爲君子」。《學而》先時習之説，繼以朋來之樂，而終於知言之君子。此先知命，繼以知禮，而終於知言，則習而知言者，學之所成終始者也。明夫學之所以終始，則孔子可以無言，故《論語》終也。

---

❶「人」，上圖抄本無此字。
❷「人」，上圖抄本無此字。

《儒藏》精華編選刊即出書目（二〇二三）

白虎通德論
誠齋集
春秋本義
春秋集傳大全
春秋左氏傳賈服注輯述
春秋左氏傳舊注疏證
春秋左傳讀
道南源委
桴亭先生文集
復初齋文集
廣雅疏證
龜山先生語録
郭店楚墓竹簡十二種校釋
國語正義
涇野先生文集
康齋先生文集
孔子家語　曾子注釋
禮書通故
論語全解
毛詩後箋
毛詩稽古編
孟子正義
孟子注疏
閩中理學淵源考
木鐘集
群經平議

三魚堂文集　外集
上海博物館藏楚竹書十九種校釋
尚書集注音疏
詩本義
詩經世本古義
詩毛氏傳疏
詩三家義集疏
書疑　東坡書傳　尚書表注
書傳大全
四書集編
四書蒙引
四書纂疏
宋名臣言行録
孫明復先生小集　春秋尊王發微
文定集

五峰集　胡子知言
小學集註
孝經注解　温公易説　司馬氏書儀　家範
揅經室集
伊川擊壤集
儀禮圖
儀禮章句
易漢學
游定夫先生集
御選明臣奏議
周易口義　洪範口義
周易姚氏學